ॐ

BHAGAVAD GITA READER
All verses in 4 quarters

Ashwini Kumar Aggarwal

जय गुरुदेव

ॐ

ISBN13: 978-93-5268-783-1 Paperback Edition
ISBN13: 978-93-5279-092-0 Hardback Edition
ISBN13: 978-93-5279-677-9 eBook Edition

Title **Bhagavad Gita Reader: All verses in 4 quarters**

13th April 2017 Thursday, Baisakhi
Chaitra Masa, Krishna Paksha, Vasant Ritu, Uttarayana
Saka Samvat 1939 Hemalambi, Vikram Samvat 2074 Sadharana

The Art of Living Centre
147 Punjabi Bagh, Patiala 147001
Punjab, India

Website https://advaita56.weebly.com/

1st Edition April 2017

जय गुरुदेव

Dedication

Gurudev Sri Sri Ravi Shankar

who is unbounded enthusiasm

An offering at His Lotus feet

Acknowledgements

Swamini Brahmaprakasananda for a sound Sanskrit grounding.
Shruti of Arsha Vijnana Gurukulam, Nagpur for chanting lessons.
Swamini Yashoda for help in preparing the manuscript.

Front Cover Illustration Courtesy

Aastha Gupta, Krishna playing Flute, pencil on paper.
Dated 17 Feb 2016, Ludhiana.

Blessing

I would like to say that everyone wherever you are, start reading a few shlokas of the Bhagavad Gita everyday.

Read three or four shlokas everyday.

If you do not understand Sanskrit, never mind, even a translation is good enough.

Sri Sri Ravi Shankar

at a Satsang in VM Amphitheatre

Foreword

Monday, 10 April 2017 Mahavir Jayanti
I'm touching 96 and have seen the disappearance and reemergence of the Sanskrit language over the past century.

In fact after the small hamlet of Mattur in Shimoga district of Karnataka got the limelight as the Sanskrit speaking town, interest has awakened in the public over a language that is the "janani" of all languages in the Indian subcontinent and also of most languages across the globe. The continued efforts of German Universities in this direction and the pioneering work of Samskrita Bharati in making conversational Sanskrit happen has kept alive an unbroken tradition that spans thousands of years of human existence.

Consider the famous lines from - A Course in Miracles -
"Nothing real can be threatened. Nothing unreal exists."
and in the Gita नासतो विद्यते भावः , नाभावो विद्यते सतः । Verse 2.16

I'm sure Sanskrit is the way ahead for peace and cultural harmony and visiting the Gita as this book does makes it very easy. Simply chant the verses, simply read some shlokas.

Love and Blessings! Prayerfulness.

Shambhu Dass, Pilani
Erstwhile PA to Birla Education Trust Pilani founder-secretary Sukhdev Pande

जय गुरुदेव

ॐ

Contents

Blessing 3
Foreword 4
Preface 7
Introduction 8
The Mechanics 9
Section 1 Bhagavad Gita Transliteration 14
Devanagari Latin ISO 15919 Transliteration Chart 14
1 atha prathamo'dhyāyaḥ 15
2 atha dvitīyo'dhyāyaḥ 20
3 atha tr̥tīyo'dhyāyaḥ 27
4 atha caturtho'dhyāyaḥ 32
5 atha pañcamo'dhyāyaḥ 37
6 atha ṣaṣṭho'dhyāyaḥ 40
7 atha saptamo'dhyāyaḥ 45
8 atha aṣṭamo'dhyāyaḥ 49
9 atha navamo'dhyāyaḥ 53
10 atha daśamo'dhyāyaḥ 57
11 atha ekādaśo'dhyāyaḥ 62
12 atha dvādaśo'dhyāyaḥ 69
13 atha trayodaśo'dhyāyaḥ 72
14 atha caturdaśo'dhyāyaḥ 76
15 atha pañcadaśo'dhyāyaḥ 79
16 atha ṣoḍaśo'dhyāyaḥ 82
17 atha saptadaśo'dhyāyaḥ 85
18 atha aṣṭādaśo'dhyāyaḥ 89
Appendices 98
The Devanagari Alphabet 99
Gita Dhyanam 101
Gita Mahatmyam 102
Pardon Shlokas 102
Memorization Technique 103
Anushtup Chhanda 104
A Method of performing Puja 105
Gita Aarti 106

References 107
Section 2 Bhagavad Gita Chanting 108
1 अथ प्रथमोऽध्यायः 109
2 अथ द्वितीयोऽध्यायः 114
3 अथ तृतीयोऽध्यायः 122
4 अथ चतुर्थोऽध्यायः 127
5 अथ पञ्चमोऽध्यायः 132
6 अथ षष्ठोऽध्यायः 136
7 अथ सप्तमोऽध्यायः 141
8 अथ अष्टमोऽध्यायः 145
9 अथ नवमोऽध्यायः 148
10 अथ दशमोऽध्यायः 152
11 अथ एकादशोऽध्यायः 157
12 अथ द्वादशोऽध्यायः 163
13 अथ त्रयोदशोऽध्यायः 166
14 अथ चतुर्दशोऽध्यायः 170
15 अथ पञ्चदशोऽध्यायः 173
16 अथ षोडशोऽध्यायः 176
17 अथ सप्तदशोऽध्यायः 179
18 अथ अष्टादशोऽध्यायः 182
Ending Prayer 191
Epilogue 192

Preface

The Bhagavad Gita is a Song. It is a song Divine.
It is sung by the Lord Himself and His dearest Devotee.

Most of us in Bharata love to chant shlokas from the Gita. The mellifluous singing makes the atmosphere come alive. On Gita Jayanti that falls in December, some chant the entire 700 verses of the Gita in 3 to 4 hours.

I remember in Rotary Inner Wheel Primary School back in 1972, when I was in the 2nd standard and my sister was in the 1st standard, we memorized a chapter from the Gita and sang it aloud on stage. Papa has been reading a few verses daily ever since 2000 when we received our copy of Swami Sivananda's Bhagavad Gita. In 2004 in Bangalore Ashram, Guruji told each ashramite to memories 10 verses, to my share was the 16th chapter and I could muster only 3 shlokas by heart then.

And of course we all know that Guruji chanted the whole Gita when He was 4 years old!

Singing is a natural expression of light heartedness, of joy and of communion.

Come let us join in making our homes come alive to the sacred chants from the Bhagavad Gita.

जय गुरुदेव

Introduction

Sanskrit words in a sentence coalesce due to conjuncts, sandhis or compounding. Hence written Sanskrit is ***slightly different*** than spoken Sanskrit. As such a teacher is required for one to learn how to chant the Bhagavad Gita.

The various editions of the Gita available today generally do not give the Gita as it is to be chanted. These in fact give the Gita as it is to be written in correct grammar!

This book is an effort in this direction. To enable the layman to know where to pause during reading, and to help perfect a serious chanter in his pronunciation. It thus bridges the learning curve and makes proper recital of the Gita an easy task. Chanting correctly enhances the aura.

> Remember, the key is to allow the expression to flow.
> After a few times, sing freely, allowing your natural rhythm to take over.
>
> As you chant confidently, when Devotion seeps into your chanting, know you are already there!

The traditional sequence is to begin with the Gita dhyanam shlokas and then chant the Gita verses and end with Gita mahatmayam. Pujya Sri Sri gave us a typical invocation format that is mentioned in this book.

The Mechanics

A Bhagavad Gita written to be read alone will have some characteristics of its own. Most of the Gita verses are written in Anushtup Chhanda with 32 syllables in each verse. Chanting the verses means p a u s i n g after every 8 syllables, thus there will be 4 padas for each verse, i.e. 2 padas for each sentence.

This means that Sandhis if any that were present at that p a u s e in a sentence, will no longer be there while chanting. Similarly, if any Conjuncts were present in a continuous sentence, these are now separated at the point of p a u s e. Whereas Samasas are not split.
इन्द्रियार्थेषु वैराग्यम् , अनहङ्कार एव च ।
जन्ममृत्युजराव्याधि-दुःखदोषानुदर्शनम् ॥ १३.८ *chant this without pausing*

Notice that this Gita has been specifically written to be chanted out aloud. To perfect one's chanting. In short, pausing at the right place during chanting is what lends beauty to your chant, and enlivens the surrounding aura immensely.

It is a tremendous aid to self study learners who wish to see each letter clearly and know the exact pauses. Serious or regular readers can certainly benefit a lot from this book, as many letters missed earlier perforce of habit, will be clearly seen, hence enunciated.

Versions
It also gives पाठभेदः for words in some verses that differ in standard editions. e.g. बलं बलवतां चाहम् , कामरागविवर्जितम् । ७.११ (बलं बलवतामस्मि)
आत्मसंयम-योगो नाम षष्ठोऽध्यायः ॥ ६ ॥ (ध्यान-योगो नाम)

<u>Following characters need special attention while chanting</u>
Avagraha ऽ is not to be chanted, i.e. it is a silent letter.
It signifies that an अ has been dropped due to sandhi.
e.g. Recite प्रथमोऽध्यायः as प्रथमोध्यायः ,

verse 2.14 आगमापयिनोऽनित्याः as आगमापयिनोनित्याः , etc.

Visarga ः is pronounced variously, a brief mention

A visarga is pronounced aspirated ह् followed by the sound of the preceding vowel. Thus नमः is to be chanted as नमह

verse 2.41 बुद्धिः is to be chanted as बुद्धिहि

verse 2.43 स्वर्गपराः is to be chanted as स्वर्गपराहा

verse 2.47 कर्मफलहेतुर्भूः is to be chanted as कर्मफलहेतुर्भूहू

This rule is valid only when a visarga is at the end, i.e. a virama is present. This rule also applies when a visarga is followed by a pause, as at a quarter verse.

However, a visarga in close proximity with another letter gets replaced with another letter or even gets dropped. This is reflected in this book by substituting the changed letter. (popular editions of the Gita show the visarga rather than the actual letter that is to be chanted). e.g.

Visarga when followed by श or च is pronounced as श्

<u>तेजः क्षमा धृतिः शौचम्</u> , अद्रोहो नातिमानिता । <u>तेजश् क्षमा धृतिश् शौचम्</u>

भवन्ति सम्पदं दैवीम् , अभिजातस्य भारत ॥ १६.३

Visarga when followed by स or त is pronounced as स्

कार्यकरणकर्तृत्वे , हेतुः प्रकृतिरुच्यते ।

<u>पुरुषः सुखदुःखानाम्</u> , भोक्तृत्वे हेतुरुच्यते ॥ १३.२० <u>पुरुषस् सुखदुःखानाम्</u>

Visarga when followed by vowel or soft consonant is dropped or changes to ओ as per context. Consider verse 2.16 नासतः विद्यते भावः नाभावः विद्यते सतः । and as it appears in popular editions नासतो विद्यते भावो नाभावो विद्यते सतः । because the visarga has been changed to ओ due to sandhi. And here in this book, due to the pause in chanting नासतो विद्यते भावः , नाभावो विद्यते सतः । the visarga is shown because भावो is to be chanted as भावः i.e. as भावह ।

Similarly

पिताहमस्य जगतः , माता धाता पितामहः ।
वेद्यं पवित्रमोङ्कारः , ऋक्साम यजुरेव च ॥ ९.१७
येऽप्यन्यदेवता भक्ताः , यजन्ते श्रद्धयान्विताः ।
तेऽपि मामेव कौन्तेय , यजन्त्यविधिपूर्वकम् ॥ ९.२३

Also, a visarga changes to a repha in certain instances, or gets dropped in other cases.

Ardha Visarga ᳲ Optionally, a visarga ः becomes an ardha visarga when the following letter is a क or ख and is called jihvamuliya. When the following letter is प or फ it is called upadhmaniya. But it remains a visarga when the following letter is क्ष (क् ष). e.g. Verse 2.32 सुखिनः क्षत्रियाः

Visarga preceding क, ख is pronounced aspirated ह्

बुद्धियुक्तो जहातीह , उभे सुकृतदुष्कृते ।
तस्माद् योगाय युज्यस्व , योगᳲ कर्मसु कौशलम् ॥ २.५०

Visarga preceding प, फ is pronounced aspirated फ़्

धर्मक्षेत्रे कुरुक्षेत्रे , समवेता युयुत्सवः ।
मामकाᳲ पाण्डवाश्चैव , किम् अकुर्वत सञ्जय ॥ १.१ Notice that

generally a visarga is at the end of a word, but in rare cases it comes within a word (verse 13.20 सुखदुःखानाम् , verse 18.3 यज्ञदानतपᳲकर्म).

Anusvara ं is pronounced as nasalized म् ।

However Sandhi grammar rules state that Anusvara changes to a corresponding nasal when followed by a class consonant, *albeit optionally*. Very few pandits make the Anusvara sound as ङ् when followed by ग, as ञ् when followed by च or as न् when followed by त् / द् ।

पश्यैतां पाण्डुपुत्राणाम् , आचार्य महतीं चमूम् । महतीञ् चमूम्
व्यूढां द्रुपदपुत्रेण , तव शिष्येण धीमता ॥ १.३ व्यूढान् द्रुपदपुत्रेण

Others chant an Anusvara as यँ् when followed by य ।

कर्म ब्रह्मोद्भवं विद्धि , ब्रह्माक्षरसमुद्भवम् ।
तस्मात् सर्वगतं ब्रह्म , नित्यं यज्ञे प्रतिष्ठितम् ॥ ३.१५ नित्यँ् यज्ञे

In any case it is correct if Anusvara is pronounced as म् always. Anusvara will be reverted to म् at a pause or when it faces a vowel. e.g.

दृष्ट्वा तु पाण्डवानीकम् , व्यूढं दुर्योधनस् तदा ।
आचार्यम् उपसङ्गम्य , राजा वचनम् अब्रवीत् ॥ १.२

Specific Conjuncts

ह्न , ह्ण , ह्म These conjuncts are chanted as नः , णः , मः resp.

पवनः पवतामस्मि , रामः शस्त्रभृतामहम् ।
झषाणां मकरश्चास्मि , स्रोतसामस्मि *जाह्नवी* ॥ १०.३१ जानःवी

i.e. though it is ह् न , pronunciation is न ह । To emphasise the same, such words are italicized except for ह्म being too many.

Reappearance of a dropped vowel

By an optional sandhi rule, the diphthong ए gets dropped. This will however be seen during a pause and pronounced.

यक्ष्ये दास्यामि मोदिष्ये , इत्यज्ञानविमोहिताः ॥ १६.१५

Use of a macron character ¯ as an aid to correctness in reading. In the Devanagari verses, to specially see each letter and thus pronounce it while reading, a macron has been inserted. e.g.

verse 1.20 धनुरुद् यम्य , 1.33 प्राणांस् त्यक्त्वा , 2.3 हृदय दौर्बल्यम्

However in the Latin transliterated text, a macron indicates a long vowel and so such extra insertions are not done!

e.g.
1.20 dhanurudyamya, 1.33 prāṇāṁstyaktvā, 2.3 hr̥dayadaurbalyam

Invocation Technique

Pujya Gurudev gave us the following invocation format when we used to chant in Bangalore Ashram in June 2011 in his presence.

Begin by chanting Om Namo Bhagavate Vasudevaya (x 4)

ॐ नमो भगवते वासुदेवाय ॐ नमो भगवते वासुदेवाय
ॐ नमो भगवते वासुदेवाय ॐ नमो भगवते वासुदेवाय

Now chant the Gita Verses (few verses, a chapter or more)

End with Gurur Brahma Gurur Vishnuhu ... Shri Guru Bhyo Namah Hari hi Om. Shri Krishna Arpanamastu

गुरुर् ब्रह्मा गुरुर् विष्णुः गुरुर् देवो महेश्वरः। गुरुस् साक्षात् परब्रह्म तस्मै श्रीगुरवे नमः ॥ श्री गुरुभ्यो नमः हरिः ॐ । श्री कृष्णार्पणमस्तु ॥

Book Format

Formatting and page placements in this book are particularly designed for ease in regular reading. First the Transliterated verses are present. Then the Appendices with explanatory matter are given. Finally the Sanskrit verses are placed.

To use this book effectively, listen to a chanting keeping the book open and notice the pauses. A couple of times listening to a Pandit or an audio CD is good enough to enable this book to be independently used thereafter.

Section 1 Bhagavad Gita Transliteration

Devanagari to Latin ISO 15919 standard
https://www.iso.org/standard/28333.html

Devanagari Transliteration Tool
https://www.ashtangayoga.info/philosophy/sanskrit-and-devanagari/transliteration-tool/

Devanagari Latin ISO 15919 Transliteration Chart

अ- आ- इ- ई- उ- ऊ- ऋ- ॠ- ऌ = a- ā- i- ī- u- ū- r̥- r̥̄- l̥

ए- ऐ- ओ- औ- ं- ँ- ः = ē- ai- ō- au- ṁ- m̐- ḥ

ᳲ = Ardhavisarga , ॐ = oṁ

Consonants are shown with a vowel a = अ for uttering

क- ख- ग- घ- ङ = ka- kha- ga- gha- ṅa

च- छ- ज- झ- ञ = ca- cha- ja- jha- ña

ट- ठ- ड- ढ- ण = ṭa- ṭha- ḍa- ḍha- ṇa

त- थ- द- ध- न = ta- tha- da- dha- na

प- फ- ब- भ- म = pa- pha- ba- bha- ma

य- र- ल- व = ya- ra- la- va , श- ष- स- ह = śa- ṣa- sa- ha

ळ = ḷa , ‘ = ऽ avagraha

Consonant only with halant **क्अ = क = ka , क् = k**

Note –

a) Herein the ॐ has been transliterated as **ॐ = ओम् = oṁ**

b) Ardha Visarga ᳲ is not part of character set but used for clarity.

c) Halant ् is not a separate character in the transliteration. It simply means lack of vowel in the consonant. e.g. arju**na** अर्जु**न** , śrī bhagavā**n** श्री भगवा**न्** Both these words end in "n" but one has a halant in Devanagari. So the word without the halant has a vowel added to it in transliteration.

Beginning Invocation
oṁ namo bhagavate vāsudevāya
oṁ namo bhagavate vāsudevāya
oṁ namo bhagavate vāsudevāya
oṁ namo bhagavate vāsudevāya

śrīmad bhagavad gītā

oṁ śrī paramātmane namaḥ |

1 atha prathamo'dhyāyaḥ

dhṛtarāṣṭra uvāca

dharmakṣetre kurukṣetre , samavetā yuyutsavaḥ |
māmakā× pāṇḍavāścaiva , kim akurvata sañjaya || 1.1

sañjaya uvāca

dṛṣṭvā tu pāṇḍavānīkam , vyūḍhaṁ duryodhanas tadā |
ācāryam upasaṅgamya , rājā vacanam abravīt || 1.2

paśyaitāṁ pāṇḍuputrāṇām , ācārya mahatīṁ camūm |
vyūḍhāṁ drupadaputreṇa , tava śiṣyeṇa dhīmatā || 1.3

atra śūrā maheṣvāsāḥ , bhīmārjunasamā yudhi |
yuyudhāno virāṭaśca , drupadaśca mahārathaḥ || 1.4

dhṛṣṭaketuś cekitānaḥ , kāśirājaśca vīryavān |
purujit kuntibhojaśca , śaibyaśca narapuṅgavaḥ || 1.5

yudhāmanyuśca vikrāntaḥ , uttamaujāśca vīryavān |
saubhadro draupadeyāśca , sarva eva mahārathāḥ || 1.6

asmākaṁ tu viśiṣṭā ye , tān nibodha dvijottama |
nāyakā mama sainyasya , sañjñārthaṁ tān bravīmi te || 1.7

bhavān bhīṣmaśca karṇaśca , kr̥paśca samitiñjayaḥ ।
aśvatthāmā vikarṇaśca , saumadattis tathaiva ca ॥ 1.8

anye ca bahavaś śūrāḥ , madarthe tyaktajīvitāḥ ।
nānāśastrapraharaṇāḥ , sarve yuddhaviśāradāḥ ॥ 1.9

aparyāptaṁ tad asmākam , balaṁ bhīṣmābhirakṣitam ।
paryāptaṁ tvidam eteṣām , balaṁ bhīmābhirakṣitam ॥ 1.10

ayaneṣu ca sarveṣu , yathābhāgam avasthitāḥ ।
bhīṣmam evābhirakṣantu , bhavantas sarva eva hi ॥ 1.11

tasya sañjanayan harṣam , kuruvr̥ddha× pitāmahaḥ ।
siṁhanādaṁ vinadyoccaiḥ , śaṅkhaṁ dadhmau pratāpavān ॥ 1.12

tataś śaṅkhāśca bheryaśca , paṇavānakagomukhāḥ ।
sahasaivābhyahanyanta , sa śabdas tumulo'bhavat ॥ 1.13

tataḥ śvetair hayairyukte , mahati syandane sthitau ।
mādhava× pāṇḍavaścaiva , divyau śaṅkhau pradadhmatuḥ ॥ 1.14

pāñcajanyaṁ hr̥ṣīkeśaḥ , devadattaṁ dhanañjayaḥ ।
pauṇḍraṁ dadhmau mahāśaṅkham , bhīmakarmā vr̥kodaraḥ ॥ 1.15

anantavijayaṁ rājā , kuntīputro yudhiṣṭhiraḥ ।
nakulas sahadevaśca , sughoṣamaṇipuṣpakau ॥ 1.16

kāśyaśca parameṣvāsaḥ , śikhaṇḍī ca mahārathaḥ ।
dhr̥ṣṭadyumno virāṭaśca , sātyakiś cāparājitaḥ ॥ 1.17

drupado draupadeyāśca , sarvaśa× pr̥thivīpate ।
saubhadraśca mahābāhuḥ , śaṅkhān dadhmu× pr̥thak pr̥thak ॥ 1.18

sa ghoṣo dhārtarāṣṭrāṇām , hṛdayāni vyadārayat ।
nabhaśca pṛthivīṁ caiva , tumulo vyanunādayan ॥ 1.19

atha vyavasthitān dṛṣṭvā , dhārtarāṣṭrān kapidhvajaḥ ।
pravṛtte śastrasampāte , dhanurudyamya pāṇḍavaḥ ॥ 1.20

hṛṣīkeśaṁ tadā vākyam , idam āha mahīpate ।

arjuna uvāca

senayorubhayor madhye , rathaṁ sthāpaya me'cyuta ॥ 1.21

yāvad etān nirīkṣe'ham , yoddhukāmān avasthitān ।
kairmayā saha yoddhavyam , asmin raṇasamudyame । 1.22

yotsyamānān avekṣe'ham , ya ete'tra samāgatāḥ ।
dhārtarāṣṭrasya durbuddheḥ , yuddhe priyacikīrṣavaḥ ॥ 1.23

sañjaya uvāca

evam ukto hṛṣīkeśaḥ , guḍākeśena bhārata ।
senayorubhayor madhye , sthāpayitvā rathottamam ॥ 1.24

bhīṣmadroṇapramukhataḥ , sarveṣāṁ ca mahīkṣitām ।
uvāca pārtha paśyaitān , samavetān kurūniti ॥ 1.25

tatrāpaśyat sthitān pārthaḥ , pitṝnatha pitāmahān ।
ācāryān mātulān bhrātṝn , putrān pautrān sakhīṁs tathā ॥ 1.26

śvaśurān suhṛdaś caiva , senayorubhayorapi ।
tān samīkṣya sa kaunteyaḥ , sarvān bandhūn avasthitān ॥ 1.27

kṛpayā parayāviṣṭaḥ , viṣīdannidam abravīt ।

arjuna uvāca

dṛṣṭvemaṁ svajanaṁ kṛṣṇa , yuyutsuṁ samupasthitam ॥ 1.28

sīdanti mama gātrāṇi , mukhaṁ ca pariśuṣyati ।
vepathuśca śarīre me , romaharṣaś ca jāyate ॥ 1.29

gāṇḍīvaṁ sramsate hastāt , tvakcaiva paridahyate ।
na ca śaknomyavasthātum , bhramatīva ca me manaḥ ॥ 1.30

nimittāni ca paśyāmi , viparītāni keśava ।
na ca śreyo'nupaśyāmi , hatvā svajanamāhave ॥ 1.31

na kāṅkṣe vijayaṁ kr̥ṣṇa , na ca rājyaṁ sukhāni ca ।
kiṁ no rājyena govinda , kiṁ bhogair jīvitena vā ॥ 1.32

yeṣām arthe kāṅkṣitaṁ naḥ , rājyaṁ bhogās sukhāni ca ।
ta ime'vasthitā yuddhe , prāṇāṁstyaktvā dhanāni ca ॥ 1.33

ācāryā× pitara× putrāḥ , tathaiva ca pitāmahāḥ ।
mātulāḥ śvaśurā× pautrāḥ , śyālās sambandhinas tathā ॥ 1.34

etān na hantum icchāmi , ghnato'pi madhusūdana ।
api trailokyarājyasya , heto× kiṁ nu mahīkr̥te ॥ 1.35

nihatya dhārtarāṣṭrān naḥ , kā prītis syājjanārdana ।
pāpamevāśrayed asmān , hatvaitān ātatāyinaḥ ॥ 1.36

tasmān nārhā vayaṁ hantum , dhārtarāṣṭrān svabāndhavān ।
svajanaṁ hi kathaṁ hatvā , sukhinas syāma mādhava ॥ 1.37

yadyapyete na paśyanti , lobhopahatacetasaḥ ।
kulakṣayakr̥taṁ doṣam , mitradrohe ca pātakam ॥ 1.38

kathaṁ na jñeyam asmābhiḥ , pāpād asmān nivartitum ।
kulakṣayakr̥taṁ doṣam , prapaśyadbhir janārdana ॥ 1.39

kulakṣaye praṇaśyanti , kuladharmās sanātanāḥ ।
dharme naṣṭe kulaṁ kṛtsnam , adharmo'bhibhavatyuta ॥ 1.40

adharmābhibhavāt kṛṣṇa , praduṣyanti kulastriyaḥ ।
strīṣu duṣṭāsu vārṣṇeya , jāyate varṇasaṅkaraḥ ॥ 1.41

saṅkaro narakāyaiva , kulaghnānāṁ kulasya ca ।
patanti pitaro hyeṣām , luptapiṇḍodakakriyāḥ ॥ 1.42

doṣairetai× kulaghnānām , varṇasaṅkarakārakaiḥ ।
utsādyante jātidharmāḥ , kuladharmāśca śāśvatāḥ ॥ 1.43

utsannakuladharmāṇām , manuṣyāṇāṁ janārdana ।
narake'niyataṁ vāsaḥ , bhavatītyanuśuśruma ॥ 1.44

aho bata mahat pāpam , kartuṁ vyavasitā vayam ।
yad rājyasukhalobhena , hantuṁ svajanamudyatāḥ ॥ 1.45

yadi māmapratīkāram , aśastraṁ śastrapāṇayaḥ ।
dhārtarāṣṭrā raṇe hanyuḥ , tanme kṣemataraṁ bhavet ॥ 1.46

sañjaya uvāca
evam uktvārjunas saṅkhye , rathopastha upāviśat ।
visṛjya saśaraṁ cāpam , śokasaṁvignamānasaḥ ॥ 1.47

oṁ tat sat ।
iti śrīmadbhagavadgītāsu , upaniṣatsu , brahmavidyāyāṁ yogaśāstre śrīkṛṣṇārjunasaṁvāde arjuna-viṣāda-yogo nāma , prathamo'dhyāyaḥ ॥ 1 ॥

oṁ śrī paramātmane namaḥ ǀ

2 atha dvitīyo'dhyāyaḥ

sañjaya uvāca
taṁ tathā kṛpayāviṣṭam , aśrupūrṇākulekṣaṇam ǀ
viṣīdantam idaṁ vākyam , uvāca madhusūdanaḥ ǁ 2.1

śrī bhagavān uvāca
kutas tvā kaśmalam idam , viṣame samupasthitam ǀ
anāryajuṣṭam asvargyam , akīrtikaramarjuna ǁ 2.2

klaibyaṁ mā sma gama× pārtha , naitattvayyupapadyate ǀ
kṣudraṁ hṛdayadaurbalyam , tyaktvottiṣṭha parantapa ǁ 2.3

arjuna uvāca
kathaṁ bhīṣmamahaṁ saṅkhye , droṇaṁ ca madhusūdana ǀ
iṣubhi× prati yotsyāmi , pūjārhāvarisūdana ǁ 2.4

gurūnahatvā hi mahānubhāvān , śreyo bhoktuṁ bhaikṣyam apīha loke ǀ
hatvārthakāmāṁstu gurūnihaiva ,bhuñjīya bhogān rudhirapradigdhānǁ5

na caitadvidma× kataranno garīyaḥ , yadvā jayema yadi vā no jayeyuḥ ǀ
yāneva hatvā na jijīviṣāmaḥ , te'vasthitā× pramukhe dhārtarāṣṭrāḥ ǁ 2.6

kārpaṇyadoṣopahatasvabhāvaḥ , pṛcchāmi tvāṁ dharmasammūḍhacetāḥ ǀ
yacchreyas syānniścitaṁ brūhi tanme , śiṣyaste'haṁ śādhi māṁ tvāṁ prapannam ǁ 2.7

na hi prapaśyāmi mamāpanudyād , yacchokamucchoṣaṇam indriyāṇām ǀ
avāpya bhūmāvasapatnamṛddham , rājyaṁ surāṇām api cādhipatyam ǁ 2.8

sañjaya uvāca

evam uktvā hr̥ṣīkeśam , gudākeśa× parantapaḥ ।
na yotsya iti govindam , uktvā tūṣṇīṁ babhūva ha ॥ 2.9

tamuvāca hr̥ṣīkeśaḥ , prahasanniva bhārata ।
senayorubhayor madhye , viṣīdantam idaṁ vacaḥ ॥ 2.10

śrī bhagavān uvāca

aśocyān anvaśocastvam , prajñāvādāṁśca bhāṣase ।
gatāsūn agatāsūṁśca , nānuśocanti paṇḍitāḥ ॥ 2.11

na tvevāhaṁ jātu nāsam , na tvaṁ neme janādhipāḥ ।
na caiva na bhaviṣyāmaḥ , sarve vayamata× param ॥ 2.12

dehino'smin yathā dehe , kaumāraṁ yauvanaṁ jarā ।
tathā dehāntaraprāptiḥ , dhīrastatra na muhyati ॥ 2.13

mātrāsparśās tu kaunteya , śītoṣṇasukhaduḥkhadāḥ ।
āgamāpāyino'nityāḥ , tāṁstitikṣasva bhārata ॥ 2.14

yaṁ hi na vyathayantyete , puruṣaṁ puruṣarṣabha ।
samaduḥkhasukhaṁ dhīram , so'mr̥tatvāya kalpate ॥ 2.15

nāsato vidyate bhāvaḥ , nābhāvo vidyate sataḥ ।
ubhayorapi dr̥ṣṭo'ntaḥ , tvanayos tattvadarśibhiḥ ॥ 2.16

avināśi tu tad viddhi , yena sarvam idaṁ tatam ।
vināśam avyayasyāsya , na kaścit kartumarhati ॥ 2.17

antavanta ime dehāḥ , nityasyoktāś śarīriṇaḥ ।
anāśino'prameyasya , tasmād yudhyasva bhārata ॥ 2.18

ya enaṁ vetti hantāram , yaścainaṁ manyate hatam ।
ubhau tau na vijānītaḥ , nāyaṁ hanti na hanyate ॥ 2.19

na jāyate mriyate vā kadācit , nāyaṁ bhūtvā bhavitā vā na bhūyaḥ ।
ajo nityaś śāśvato'yaṁ purāṇaḥ , na hanyate hanyamāne śarīre ॥ 2.20

vedāvināśinaṁ nityam , ya enam ajam avyayam ।
kathaṁ sa puruṣa× pārtha , kaṁ ghātayati hanti kam ॥ 2.21

vāsāṁsi jīrṇāni yathā vihāya , navāni gṛhṇāti naro'parāṇi ।
tathā śarīrāṇi vihāya jīrṇāni , anyāni saṁyāti navāni dehī ॥ 2.22

nainaṁ chindanti śastrāṇi , nainaṁ dahati pāvakaḥ ।
na cainaṁ kledayantyāpaḥ , na śoṣayati mārutaḥ ॥ 2.23

acchedyo'yam adāhyo'yam , akledyo'śoṣya eva ca ।
nityas sarvagatas sthāṇuḥ , acalo'yaṁ sanātanaḥ ॥ 2.24

avyakto'yam acintyo'yam , avikāryo'yam ucyate ।
tasmādevaṁ viditvainam , nānuśocitum arhasi ॥ 2.25

atha cainaṁ nityajātam , nityaṁ vā manyase mṛtam ।
tathāpi tvaṁ mahābāho , naivaṁ śocitum arhasi ॥ 2.26

jātasya hi dhruvo mṛtyuḥ , dhruvaṁ janma mṛtasya ca ।
tasmād aparihārye'rthe , na tvaṁ śocitum arhasi ॥ 2.27

avyaktādīni bhūtāni , vyaktamadhyāni bhārata ।
avyaktanidhanānyeva , tatra kā paridevanā ॥ 2.28

āścaryavat paśyati kaścid enam , āścaryavad vadati tathaiva cānyaḥ ।
āścaryavaccainamanyaś śṛṇoti , śrutvāpyenaṁ veda na caiva kaścit ॥ 2.29

dehī nityam avadhyo'yam , dehe sarvasya bhārata ।
tasmāt sarvāṇi bhūtāni , na tvaṁ śocitum arhasi ॥ 2.30

svadharmam api cāvekṣya , na vikampitum arhasi ।
dharmyāddhi yuddhācchreyo'nyat , kṣatriyasya na vidyate ॥ 2.31

yadṛcchayā copapannam , svargadvāram apāvṛtam ।
sukhinaḥ kṣatriyā× pārtha , labhante yuddhamīdṛśam ॥ 2.32

atha cet tvamimaṁ dharmyam , saṅgrāmaṁ na kariṣyasi ।
tatas svadharmaṁ kīrtiṁ ca , hitvā pāpam avāpsyasi ॥ 2.33

akīrtiṁ cāpi bhūtāni , kathayiṣyanti te'vyayām ।
sambhāvitasya cākīrtiḥ , maraṇādatiricyate ॥ 2.34

bhayād raṇād uparatam , maṁsyante tvāṁ mahārathāḥ ।
yeṣāṁ ca tvaṁ bahumataḥ , bhūtvā yāsyasi lāghavam ॥ 2.35

avācyavādāṁśca bahūn , vadiṣyanti tavāhitāḥ ।
nindantas tava sāmarthyam , tato duḥkhataraṁ nu kiṁ ॥ 2.36

hato vā prāpsyasi svargam , jitvā vā bhokṣyase mahīm ।
tasmād uttiṣṭha kaunteya , yuddhāya kṛtaniścayaḥ ॥ 2.37

sukhaduḥkhe same kṛtvā , lābhālābhau jayājayau ।
tato yuddhāya yujyasva , naivaṁ pāpam avāpsyasi ॥ 2.38

eṣā te'bhihitā sāṅkhye , buddhir yoge tvimāṁ śṛṇu ।
buddhyā yukto yayā pārtha , karmabandhaṁ prahāsyasi ॥ 2.39

nehābhikramanāśo'sti , pratyavāyo na vidyate ।
svalpam apyasya dharmasya , trāyate mahato bhayāt ॥ 2.40

vyavasāyātmikā buddhiḥ , ekeha kurunandana ।
bahuśākhā hyanantāśca , buddhayo'vyavasāyinām ॥ 2.41

yām imāṁ puṣpitāṁ vācam , pravadantyavipaścitaḥ ।
vedavādaratā× pārtha , nānyadastīti vādinaḥ ॥ 2.42

kāmātmānas svargaparāḥ , janmakarmaphalapradām ।
kriyāviśeṣabahulām , bhogaiśvaryagatiṁ prati ॥ 2.43

bhogaiśvaryaprasaktānām , tayāpahṛtacetasām ।
vyavasāyātmikā buddhiḥ , samādhau na vidhīyate ॥ 2.44

traiguṇyaviṣayā vedāḥ , nistraiguṇyo bhavārjuna ।
nirdvandvo nityasattvasthaḥ , niryogakṣema ātmavān ॥ 2.45

yāvānartha udapāne , sarvatas samplutodake ।
tāvān sarveṣu vedeṣu , brāhmaṇasya vijānataḥ ॥ 2.46

karmaṇyevādhikāraste , mā phaleṣu kadācana ।
mā karmaphalahetur bhūḥ , mā te saṅgo'stvakarmaṇi ॥ 2.47

yogastha× kuru karmāṇi , saṅgaṁ tyaktvā dhanañjaya ।
siddhyasiddhyos samo bhūtvā , samatvaṁ yoga ucyate ॥ 2.48

dūreṇa hyavaraṁ karma , buddhiyogād dhanañjaya ।
buddhau śaraṇam anviccha , kṛpaṇā× phalahetavaḥ ॥ 2.49

buddhiyukto jahātīha , ubhe sukṛtaduṣkṛte ।
tasmād yogāya yujyasva , yoga× karmasu kauśalam ॥ 2.50

karmajaṁ buddhiyuktā hi , phalaṁ tyaktvā manīṣiṇaḥ ।
janmabandhavinirmuktāḥ , padaṁ gacchantyanāmayam ॥ 2.51

yadā te mohakalilam , buddhir vyatitariṣyati ।
tadā gantāsi nirvedam , śrotavyasya śrutasya ca ॥ 2.52

śrutivipratipannā te , yadā sthāsyati niścalā ।
samādhāvacalā buddhiḥ , tadā yogam avāpsyasi ॥ 2.53

arjuna uvāca

sthitaprajñasya kā bhāṣā , samādhisthasya keśava ।
sthitadhīẖ kiṁ prabhāṣeta , kim āsīta vrajeta kim ॥ 2.54

śrī bhagavān uvāca

prajahāti yadā kāmān , sarvān pārtha manogatān ।
ātmanyevātmanā tuṣṭaḥ , sthitaprajñas tadocyate ॥ 2.55

duḥkheṣvanud vignamanāḥ , sukheṣu vigataspr̥haḥ ।
vītarāgabhayakrodhaḥ , sthitadhīr munir ucyate ॥ 2.56

yas sarvatrānabhisnehaḥ , tat tat prāpya śubhāśubham ।
nābhinandati na dveṣṭi , tasya prajñā pratiṣṭhitā ॥ 2.57

yadā saṁharate cāyam , kūrmo'ṅgānīva sarvaśaḥ ।
indriyāṇīndriyārthebhyaḥ , tasya prajñā pratiṣṭhitā ॥ 2.58

viṣayā vinivartante , nirāhārasya dehinaḥ ।
rasavarjaṁ raso'pyasya , paraṁ dr̥ṣṭvā nivartate ॥ 2.59

yatato hyapi kaunteya , puruṣasya vipaścitaḥ ।
indriyāṇi pramāthīni , haranti prasabhaṁ manaḥ ॥ 2.60

tāni sarvāṇi saṁyamya , yukta āsīta matparaḥ ।
vaśe hi yasyendriyāṇi , tasya prajñā pratiṣṭhitā ॥ 2.61

dhyāyato viṣayān puṁsaḥ , saṅgasteṣūpajāyate ।
saṅgāt sañjāyate kāmaḥ , kāmāt krodho'bhijāyate ॥ 2.62

krodhād bhavati sammohaḥ , sammohāt smr̥tivibhramaḥ ।
smr̥tibhraṁśād buddhināśaḥ , buddhināśāt praṇaśyati ॥ 2.63

rāgadveṣaviyuktais tu , viṣayān indriyaiścaran I
ātmavaśyair vidheyātmā , prasādam adhigacchati II 2.64

prasāde sarvaduḥkhānām , hānirasyopajāyate I
prasannacetaso hyāśu , buddhi× paryavatiṣṭhate II 2.65

nāsti buddhir ayuktasya , na cāyuktasya bhāvanā I
na cābhāvayataś śāntiḥ , aśāntasya kutas sukham II 2.66

indriyāṇāṁ hi caratām , yan mano'nuvidhīyate I
tadasya harati prajñām , vāyur nāvamivāmbhasi II 2.67

tasmād yasya mahābāho , nigṛhītāni sarvaśaḥ I
indriyāṇīndriyārthebhyaḥ , tasya prajñā pratiṣṭhitā II 2.68

yā niśā sarvabhūtānām , tasyāṁ jāgarti saṁyamī I
yasyāṁ jāgrati bhūtāni , sā niśā paśyato muneḥ II 2.69

āpūryamāṇam acalapratiṣṭham , samudramāpa× praviśanti yadvat I
tadvat kāmā yaṁ praviśanti sarve , sa śāntim āpnoti na kāmakāmī II 2.70

vihāya kāmān yas sarvān , pumāṁścarati niḥspṛhaḥ I
nirmamo nirahaṅkāraḥ , sa śāntim adhigacchati II 2.71

eṣā brāhmī sthiti× pārtha , naināṁ prāpya vimuhyati I
sthitvāsyām antakāle'pi , brahmanirvāṇam ṛcchati II 2.72

oṁ tat sat I
iti śrīmadbhagavadgītāsu upaniṣatsu brahmavidyāyāṁ yogaśāstre śrīkṛṣṇārjunasaṁvāde sāṅkhya-yogo nāma dvitīyo'dhyāyaḥ II 2 II

oṁ śrī paramātmane namaḥ ।

3 atha tṛtīyo'dhyāyaḥ

arjuna uvāca

jyāyasī cet karmaṇas te , matā buddhir janārdana ।
tatkiṁ karmaṇi ghore mām , niyojayasi keśava ॥ 3.1

vyāmiśreṇeva vākyena , buddhiṁ mohayasīva me ।
tadekaṁ vada niścitya , yena śreyo'ham āpnuyām ॥ 3.2

śrī bhagavān uvāca

loke'smin dvividhā niṣṭhā , purā proktā mayānagha ।
jñānayogena sāṅkhyānām , karmayogena yoginām ॥ 3.3

na karmaṇāmanārambhāt , naiṣkarmyaṁ puruṣo'śnute ।
na ca saṁnyasanādeva , siddhiṁ samadhigacchati ॥ 3.4

na hi kaścit kṣaṇam api , jātu tiṣṭhatyakarmakṛt ।
kāryate hyavaśa× karma , sarva× prakṛtijair guṇaiḥ ॥ 3.5

karmendriyāṇi saṁyamya , ya āste manasā smaran ।
indriyārthān vimūḍhātmā , mithyācāras sa ucyate ॥ 3.6

yastvindriyāṇi manasā , niyamyārabhate'rjuna ।
karmendriyai× karmayogam , asaktas sa viśiṣyate ॥ 3.7

niyataṁ kuru karma tvam , karma jyāyo hyakarmaṇaḥ ।
śarīrayātrāpi ca te , na prasiddhyed akarmaṇaḥ ॥ 3.8

yajñārthāt karmaṇo'nyatra , loko'yaṁ karmabandhanaḥ ।
tadarthaṁ karma kaunteya , muktasaṅgas samācara ॥ 3.9

sahayajñā× prajās sr̥ṣṭvā , purovāca prajāpatiḥ ।
anena prasaviṣyadhvam , eṣa vo'stviṣṭakāmadhuk ॥ 3.10

devān bhāvayatānena , te devā bhāvayantu vaḥ ।
parasparaṁ bhāvayantaḥ , śreya× param avāpsyatha ॥ 3.11

iṣṭān bhogān hi vo devāḥ , dāsyante yajñabhāvitāḥ ।
tairdattānapradāyaibhyaḥ , yo bhuṅkte stena eva saḥ ॥ 3.12

yajñaśiṣṭāśinas santaḥ , mucyante sarvakilbiṣaiḥ ।
bhuñjate te tvaghaṁ pāpāḥ , ye pacantyātmakāraṇāt ॥ 3.13

annādbhavanti bhūtāni , parjanyād annasambhavaḥ ।
yajñādbhavati parjanyaḥ , yajña× karmasamudbhavaḥ ॥ 3.14

karma brahmodbhavaṁ viddhi , brahmākṣarasamudbhavam ।
tasmāt sarvagataṁ brahma , nityaṁ yajñe pratiṣṭhitam ॥ 3.15

evaṁ pravartitaṁ cakram , nānuvartayatīha yaḥ ।
aghāyurindriyārāmaḥ , moghaṁ pārtha sa jīvati ॥ 3.16

yastvātmaratireva syāt , ātmatr̥ptaśca mānavaḥ ।
ātmanyeva ca santuṣṭaḥ , tasya kāryaṁ na vidyate ॥ 3.17

naiva tasya kr̥tenārthaḥ , nākr̥teneha kaścana ।
na cāsya sarvabhūteṣu , kaścid arthavyapāśrayaḥ ॥ 3.18

tasmād asaktas satatam , kāryaṁ karma samācara ।
asakto hyācaran karma , param āpnoti pūruṣaḥ ॥ 3.19

karmaṇaiva hi saṁsiddhim , āsthitā janakādayaḥ ।
lokasaṅgrahamevāpi , sampaśyan kartumarhasi ॥ 3.20

yad yadācarati śreṣṭhaḥ , tat tadevetaro janaḥ ।
sa yat pramāṇaṁ kurute , lokas tad anuvartate ॥ 3.21

na me pārthāsti kartavyam , triṣu lokeṣu kiñcana ।
nānavāptam avāptavyam , varta eva ca karmaṇi ॥ 3.22

yadi hyahaṁ na varteyam , jātu karmaṇyatandritaḥ ।
mama vartmānuvartante , manuṣyā× pārtha sarvaśaḥ ॥ 3.23

utsīdeyurime lokāḥ , na kuryāṁ karma cedaham ।
saṅkarasya ca kartā syām , upahanyāmimā× prajāḥ ॥ 3.24

saktā× karmaṇyavidvāṁsaḥ , yathā kurvanti bhārata ।
kuryād vidvāṁstathāsaktaḥ , cikīrṣur lokasaṅgraham ॥ 3.25

na buddhibhedaṁ janayet , ajñānāṁ karmasaṅginām ।
joṣayet sarvakarmāṇi , vidvān yuktas samācaran ॥ 3.26

prakr̥te× kriyamāṇāni , guṇai× karmāṇi sarvaśaḥ ।
ahaṅkāravimūḍhātmā , kartāham iti manyate ॥ 3.27

tattvavit tu mahābāho , guṇakarmavibhāgayoḥ ।
guṇā guṇeṣu vartante , iti matvā na sajjate ॥ 3.28

prakr̥ter guṇasammūḍhāḥ , sajjante guṇakarmasu ।
tān akr̥tsnavido mandān , kr̥tsnavinna vicālayet ॥ 3.29

mayi sarvāṇi karmāṇi , sannyasyādhyātmacetasā ।
nirāśīr nirmamo bhūtvā , yudhyasva vigatajvaraḥ ॥ 3.30

ye me matam idaṁ nityam , anutiṣṭhanti mānavāḥ ।
śraddhāvanto'nasūyantaḥ , mucyante te'pi karmabhiḥ ॥ 3.31

ye tvetad abhyasūyantaḥ , nānutiṣṭhanti me matam I
sarvajñānavimūḍhāṁstān , viddhi naṣṭān acetasaḥ II 3.32

sadr̥śaṁ ceṣṭate svasyāḥ , prakr̥ter jñānavānapi I
prakr̥tiṁ yānti bhūtāni , nigraha× kiṁ kariṣyati II 3.33

indriyasyendriyasyārthe , rāgadveṣau vyavasthitau I
tayorna vaśam āgacchet , tau hyasya paripanthinau II 3.34

śreyān svadharmo viguṇaḥ , paradharmāt svanuṣṭhitāt I
svadharme nidhanaṁ śreyaḥ , paradharmo bhayāvahaḥ II 3.35

arjuna uvāca

atha kena prayukto'yam , pāpaṁ carati pūruṣaḥ I
anicchannapi vārṣṇeya , balādiva niyojitaḥ II 3.36

śrī bhagavān uvāca

kāma eṣa krodha eṣaḥ , rajoguṇasamudbhavaḥ I
mahāśano mahāpāpmā , viddhyenam iha vairiṇam II 3.37

dhūmenāvriyate vahniḥ , yathādarśo malena ca I
yatholbenāvr̥to garbhaḥ , tathā tenedamāvr̥tam II 3.38

āvr̥taṁ jñānam etena , jñānino nityavairiṇā I
kāmarūpeṇa kaunteya , duṣpūreṇānalena ca II 3.39

indriyāṇi mano buddhiḥ , asyādhiṣṭhānam ucyate I
etair vimohayatyeṣaḥ , jñānam āvr̥tya dehinam II 3.40

tasmāt tvamindriyāṇyādau , niyamya bharatarṣabha I
pāpmānaṁ prajahi hyenam , jñānavijñānanāśanam II 3.41

indriyāṇi parāṇyāhuḥ , indriyebhya× paraṁ manaḥ I
manasastu parā buddhiḥ , yo buddhe× paratastu saḥ II 3.42

evaṁ buddheˣ paraṁ buddhvā , saṁstabhyātmānam ātmanā ।
jahi śatruṁ mahābāho ,   kāmarūpaṁ durāsadam ॥ 3.43

oṁ tat sat । iti śrīmadbhagavadgītāsu upaniṣatsu brahmavidyāyāṁ yogaśāstre śrīkr̥ṣṇārjunasaṁvāde karma-yogo nāma tr̥tīyo'dhyāyaḥ ॥3॥

oṁ śrī paramātmane namaḥ ।

4 atha caturtho'dhyāyaḥ

śrī bhagavān uvāca

imaṁ vivasvate yogam , proktavān aham avyayam ।
vivasvān manave prāha , manur ikṣvākave'bravīt ॥ 4.1

evaṁ paramparāprāptam , imaṁ rājarṣayo viduḥ ।
sa kāleneha mahatā , yogo naṣṭa× parantapa ॥ 4.2

sa evāyaṁ mayā te'dya , yoga× prokta× purātanaḥ ।
bhakto'si me sakhā ceti , rahasyaṁ hyetad uttamam ॥ 4.3

arjuna uvāca

aparaṁ bhavato janma , paraṁ janma vivasvataḥ ।
katham etad vijānīyām , tvam ādau proktavān iti ॥ 4.4

śrī bhagavān uvāca

bahūni me vyatītāni , janmāni tava cārjuna ।
tānyahaṁ veda sarvāṇi , na tvaṁ vettha parantapa ॥ 4.5

ajo'pi sannavyayātmā , bhūtānām īśvaro'pi san ।
prakṛtiṁ svām adhiṣṭhāya , sambhavāmyātmamāyayā ॥ 4.6

yadā yadā hi dharmasya , glānir bhavati bhārata ।
abhyutthānam adharmasya , tadātmānaṁ sṛjāmyaham ॥ 4.7

paritrāṇāya sādhūnām , vināśāya ca duṣkṛtām ।
dharmasaṁsthāpanārthāya , sambhavāmi yuge yuge ॥ 4.8

janma karma ca me divyam , evaṁ yo vetti tattvataḥ ।
tyaktvā dehaṁ punarjanma , naiti māmeti so'rjuna ॥ 4.9

vītarāgabhayakrodhāḥ , manmayā mām upāśritāḥ ।
bahavo jñānatapasā , pūtā madbhāvam āgatāḥ ॥ 4.10

ye yathā māṁ prapadyante , tāṁstathaiva bhajāmyaham ।
mama vartmānuvartante , manuṣyā× pārtha sarvaśaḥ ॥ 4.11

kāṅkṣanta× karmaṇāṁ siddhim , yajanta iha devatāḥ ।
kṣipraṁ hi mānuṣe loke , siddhir bhavati karmajā ॥ 4.12

cāturvarṇyaṁ mayā sr̥ṣṭam , guṇakarmavibhāgaśaḥ ।
tasya kartāram api mām , viddhyakartāram avyayam ॥ 4.13

na māṁ karmāṇi limpanti , na me karmaphale spr̥hā ।
iti māṁ yo'bhijānāti , karmabhir na sa badhyate ॥ 4.14

evaṁ jñātvā kr̥taṁ karma , pūrvairapi mumukṣubhiḥ ।
kuru karmaiva tasmāt tvam , pūrvai× pūrvataraṁ kr̥tam ॥ 4.15

kiṁ karma kim akarmeti , kavayo'pyatra mohitāḥ ।
tatte karma pravakṣyāmi , yajjñātvā mokṣyase'śubhāt ॥ 4.16

karmaṇo hyapi boddhavyam , boddhavyaṁ ca vikarmaṇaḥ ।
akarmaṇaśca boddhavyam , gahanā karmaṇo gatiḥ ॥ 4.17

karmaṇyakarma ya× paśyet , akarmaṇi ca karma yaḥ ।
sa buddhimān manuṣyeṣu , sa yukta× kr̥tsnakarmakr̥t ॥ 4.18

yasya sarve samārambhāḥ , kāmasaṅkalpavarjitāḥ ।
jñānāgnidagdhakarmāṇam , tamāhu× paṇḍitaṁ budhāḥ ॥ 4.19

tyaktvā karmaphalāsaṅgam , nityatr̥pto nirāśrayaḥ ।
karmaṇyabhipravr̥tto'pi , naiva kiñcit karoti saḥ ॥ 4.20

nirāśīr yatacittātmā , tyaktasarvaparigrahaḥ ।
śārīraṁ kevalaṁ karma , kurvan nāpnoti kilbiṣam ॥ 4.21

yadṛcchālābhasantuṣṭaḥ , dvandvātīto vimatsaraḥ ।
samas siddhāvasiddhau ca , kṛtvāpi na nibadhyate ॥ 4.22

gatasaṅgasya muktasya , jñānāvasthitacetasaḥ ।
yajñāyācarata× karma , samagraṁ pravilīyate ॥ 4.23

brahmārpaṇaṁ brahma haviḥ , brahmāgnau brahmaṇā hutam ।
brahmaiva tena gantavyam , brahmakarmasamādhinā ॥ 4.24

daivam evāpare yajñam , yogina× paryupāsate ।
brahmāgnāvapare yajñam , yajñenaivopajuhvati ॥ 4.25

śrotrādīni indriyāṇyanye , saṁyamāgniṣu juhvati ।
śabdādīn viṣayān anye , indriyāgniṣu juhvati ॥ 4.26

sarvāṇi indriyakarmāṇi , prāṇakarmāṇi cāpare ।
ātmasaṁyamayogāgnau , juhvati jñānadīpite ॥ 4.27

dravyayajñās tapoyajñāḥ , yogayajñās tathāpare ।
svādhyāyajñānayajñāśca , yatayas saṁśitavratāḥ ॥ 4.28

apāne juhvati prāṇam , prāṇe'pānaṁ tathāpare ।
prāṇāpānagatī ruddhvā , prāṇāyāmaparāyaṇāḥ ॥ 4.29

apare niyatāhārāḥ , prāṇān prāṇeṣu juhvati ।
sarve'pyete yajñavidaḥ , yajñakṣapitakalmaṣāḥ ॥ 4.30

yajñaśiṣṭāmṛtabhujaḥ , yānti brahma sanātanam ।
nāyaṁ loko'styayajñasya , kuto'nya× kurusattama ॥ 4.31

evaṁ bahuvidhā yajñāḥ , vitatā brahmaṇo mukhe ।
karmajān viddhi tān sarvān , evaṁ jñātvā vimokṣyase ॥ 4.32

śreyān dravyamayād yajñāt , jñānayajña× parantapa ।
sarvaṁ karmākhilaṁ pārtha , jñāne parisamāpyate ॥ 4.33

tad viddhi praṇipātena , paripraśnena sevayā ।
upadekṣyanti te jñānam , jñāninas tattvadarśinaḥ ॥ 4.34

yajjñātvā na punarmoham , evaṁ yāsyasi pāṇḍava ।
yena bhūtānyaśeṣeṇa , drakṣyasyātmanyatho mayi ॥ 4.35

api cedasi pāpebhyaḥ , sarvebhya× pāpakr̥ttamaḥ ।
sarvaṁ jñānaplavenaiva , vr̥jinaṁ santariṣyasi ॥ 4.36

yathaidhāṁsi samiddhogniḥ , bhasmasātkurute'rjuna ।
jñānāgnis sarvakarmāṇi , bhasmasātkurute tathā ॥ 4.37

na hi jñānena sadr̥śam , pavitram iha vidyate ।
tat svayaṁ yogasaṁsiddhaḥ , kālenātmani vindati ॥ 4.38

śraddhāvām̐llabhate jñānam , tatparas saṁyatendriyaḥ ।
jñānaṁ labdhvā parāṁ śāntim , acireṇādhigacchati ॥ 4.39

ajñaś cāśraddadhānaśca , saṁśayātmā vinaśyati ।
nāyaṁ loko'sti na paraḥ , na sukhaṁ saṁśayātmanaḥ ॥ 4.40

yogasannyastakarmāṇam , jñānasañchinnasaṁśayam ।
ātmavantaṁ na karmāṇi , nibadhnanti dhanañjaya ॥ 4.41

tasmād ajñānasambhūtam , hr̥tsthaṁ jñānāsinātmanaḥ ।
chittvainaṁ saṁśayaṁ yogam , ātiṣṭhottiṣṭha bhārata ॥ 4.42

oṁ tat sat |

iti śrīmadbhagavadgītāsu upaniṣatsu brahmavidyāyāṁ yogaśāstre śrīkr̥ṣṇārjunasaṁvāde jñāna-karma-sannyāsa-yogo nāma caturtho'dhyāyaḥ || 4|| (jñāna-vibhāga-yogo nāma)

oṁ śrī paramātmane namaḥ ।

5 atha pañcamo'dhyāyaḥ

arjuna uvāca

sannyāsaṁ karmaṇāṁ kr̥ṣṇa , punar yogaṁ ca śaṁsasi ।
yacchreya etayorekam , tanme brūhi suniścitam ॥ 5.1

śrī bhagavān uvāca

sannyāsa× karmayogaśca , niḥśreyasakarāvubhau ।
tayostu karmasannyāsāt , karmayogo viśiṣyate ॥ 5.2

jñeyas sa nityasannyāsī , yo na dveṣṭi na kāṅkṣati ।
nirdvandvo hi mahābāho , sukhaṁ bandhāt pramucyate ॥ 5.3

sāṅkhyayogau pr̥thagbālāḥ , pravadanti na paṇḍitāḥ ।
ekam apyāsthitas samyak , ubhayorvindate phalam ॥ 5.4

yat sāṅkhyai× prāpyate sthānam , tad yogairapi gamyate ।
ekaṁ sāṅkhyaṁ ca yogaṁ ca , ya× paśyati sa paśyati ॥ 5.5

sannyāsastu mahābāho , duḥkham āptum ayogataḥ ।
yogayukto munir brahma , nacireṇādhigacchati ॥ 5.6

yogayukto viśuddhātmā , vijitātmā jitendriyaḥ ।
sarvabhūtātmabhūtātmā , kurvannapi na lipyate ॥ 5.7

naiva kiñcit karomīti , yukto manyeta tattvavit ।
paśyañ-śr̥ṇvan spr̥śañ-jighran , aśnan gacchan svapañ-śvasan ॥ 5.8

pralapan visr̥jan gr̥hṇan , unmiṣan nimiṣannapi ।
indriyāṇīndriyārtheṣu , vartanta iti dhārayan ॥ 5.9

brahmaṇyādhāya karmāṇi , saṅgaṁ tyaktvā karoti yaḥ I
lipyate na sa pāpena , padmapatram ivāmbhasā II 5.10

kāyena manasā buddhyā , kevalair indriyairapi I
yogina× karma kurvanti , saṅgaṁ tyaktvātmaśuddhaye II 5.11

yukta× karmaphalaṁ tyaktvā , śāntim āpnoti naiṣṭhikīm I
ayukta× kāmakāreṇa , phale sakto nibadhyate II 5.12

sarvakarmāṇi manasā , sannyasyāste sukhaṁ vaśī I
navadvāre pure dehī , naiva kurvan na kārayan II 5.13

na kartr̥tvaṁ na karmāṇi , lokasya sr̥jati prabhuḥ I
na karmaphalasaṁyogam , svabhāvastu pravartate II 5.14

nādatte kasyacit pāpam , na caiva sukr̥taṁ vibhuḥ I
ajñānenāvr̥taṁ jñānam , tena muhyanti jantavaḥ II 5.15

jñānena tu tad ajñānam , yeṣāṁ nāśitamātmanaḥ I
teṣām ādityavajjñānam , prakāśayati tat param II 5.16

tadbuddhayas tadātmānaḥ , tanniṣṭhās tatparāyaṇāḥ I
gacchantyapunarāvr̥ttim , jñānanirdhūtakalmaṣāḥ II 5.17

vidyāvinayasampanne , brāhmaṇe gavi hastini I
śuni caiva śvapāke ca , paṇḍitās samadarśinaḥ II 5.18

ihaiva tairjitas sargaḥ , yeṣāṁ sāmye sthitaṁ manaḥ I
nirdoṣaṁ hi samaṁ brahma , tasmād brahmaṇi te sthitāḥ II 5.19

na prahr̥ṣyetpriyaṁ prāpya , nodvijet prāpya cāpriyam I
sthirabuddhir asammūḍhaḥ , brahmavid brahmaṇi sthitaḥ II 5.20

bāhyasparśeṣvasaktātmā , vindatyātmani yat sukham ।
sa brahmayogayuktātmā , sukham akṣayam aśnute ॥ 5.21

ye hi saṁsparśajā bhogāḥ , duḥkhayonaya eva te ।
ādyantavanta× kaunteya , na teṣu ramate budhaḥ ॥ 5.22

śaknotīhaiva yas soḍhum , prāk śarīravimokṣaṇāt ।
kāmakrodhodbhavaṁ vegam , sa yuktas sa sukhī naraḥ ॥ 5.23

yo'ntas sukho'ntarārāmaḥ , tathāntarjyotireva yaḥ ।
sa yogī brahmanirvāṇam , brahmabhūto'dhigacchati ॥ 5.24

labhante brahmanirvāṇam , ṛṣayaḥ kṣīṇakalmaṣāḥ ।
chinnadvaidhā yatātmānaḥ , sarvabhūtahite ratāḥ ॥ 5.25

kāmakrodhaviyuktānām , yatīnāṁ yatacetasām ।
abhito brahmanirvāṇam , vartate viditātmanām ॥ 5.26

sparśān kṛtvā bahir bāhyān , cakṣuś caivāntare bhruvoḥ ।
prāṇāpānau samau kṛtvā , nāsābhyantaracāriṇau ॥ 5.27

yatendriyamanobuddhiḥ , munir mokṣaparāyaṇaḥ ।
vigatecchābhayakrodhaḥ , yas sadā mukta eva saḥ ॥ 5.28

bhoktāraṁ yajñatapasām , sarvalokamaheśvaram ।
suhṛdaṁ sarvabhūtānām , jñātvā māṁ śāntim ṛcchati ॥ 5.29

oṁ tat sat । iti śrīmadbhagavadgītāsu upaniṣatsu brahmavidyāyāṁ yogaśāstre śrīkṛṣṇārjunasaṁvāde karma-sannyāsa-yogo nāma pañcamo'dhyāyaḥ ॥ 5॥ (sannyāsa-yogo nāma)

oṁ śrī paramātmane namaḥ ।

6 atha ṣaṣṭho'dhyāyaḥ

śrī bhagavān uvāca

anāśrita× karmaphalam , kāryaṁ karma karoti yaḥ ।
sa sannyāsī ca yogī ca , na niragnir na cākriyaḥ ॥ 6.1

yaṁ sannyāsam iti prāhuḥ , yogaṁ taṁ viddhi pāṇḍava ।
na hyasannyastasaṅkalpaḥ , yogī bhavati kaścana ॥ 6.2

ārurukṣor muner yogam , karma kāraṇam ucyate ।
yogārūḍhasya tasyaiva , śama× kāraṇam ucyate ॥ 6.3

yadā hi nendriyārtheṣu , na karmasvanuṣajjate ।
sarvasaṅkalpasannyāsī , yogārūḍhas tadocyate ॥ 6.4

uddharedātmanātmānam , nātmānam avasādayet ।
ātmaiva hyātmano bandhuḥ , ātmaiva ripurātmanaḥ ॥ 6.5

bandhurātmātmanas tasya , yenātmaivātmanā jitaḥ ।
anātmanas tu śatrutve , vartetātmaiva śatruvat ॥ 6.6

jitātmana× praśāntasya , paramātmā samāhitaḥ ।
śītoṣṇasukhaduḥkheṣu , tathā mānāpamānayoḥ ॥ 6.7

jñānavijñānatṛptātmā , kūṭastho vijitendriyaḥ ।
yukta ityucyate yogī , samaloṣṭāśmakāñcanaḥ ॥ 6.8

suhṛnmitrāryudāsīna-madhyasthadveṣyabandhuṣu ।
sādhuṣvapi ca pāpeṣu , samabuddhir viśiṣyate ॥ 6.9

yogī yuñjīta satatam , ātmānaṁ rahasi sthitaḥ ।
ekākī yatacittātmā , nirāśīraparigrahaḥ ॥ 6.10

śucau deśe pratiṣṭhāpya , sthiramāsanamātmanaḥ ।
nātyucchritaṁ nātinīcam , cailājinakuśottaram ॥ 6.11

tatraikāgraṁ mana× kr̥tvā , yatacittendriyakriyaḥ ।
upaviśyāsane yuñjyāt , yogam ātmaviśuddhaye ॥ 6.12

samaṁ kāyaśirogrīvam , dhārayannacalaṁ sthiraḥ ।
samprekṣya nāsikāgraṁ svam , diśaś cānavalokayan ॥ 6.13

praśāntātmā vigatabhīḥ , brahmacārivrate sthitaḥ ।
manas saṁyamya maccittaḥ , yukta āsīta matparaḥ ॥ 6.14

yuñjannevaṁ sadātmānam , yogī niyatamānasaḥ ।
śāntiṁ nirvāṇaparamām , matsaṁsthām adhigacchati ॥ 6.15

nātyaśnatas tu yogo'sti , na caikāntam anaśnataḥ ।
na cāti svapnaśīlasya , jāgrato naiva cārjuna ॥ 6.16

yuktāhāravihārasya , yuktaceṣṭasya karmasu ।
yuktasvapnāvabodhasya , yogo bhavati duḥkhahā ॥ 6.17

yadā viniyataṁ cittam , ātmanyevāvatiṣṭhate ।
niḥspr̥has sarvakāmebhyaḥ , yukta ityucyate tadā ॥ 6.18

yathā dīpo nivātasthaḥ , neṅgate sopamā smr̥tā ।
yogino yatacittasya , yuñjato yogamātmanaḥ ॥ 6.19

yatroparamate cittam , niruddhaṁ yogasevayā ।
yatra caivātmanātmānam , paśyannātmani tuṣyati ॥ 6.20

sukhamātyantikaṁ yat tat , buddhigrāhyamatīndriyam ।
vetti yatra na caivāyam , sthitaś calati tattvataḥ ॥ 6.21

yaṁ labdhvā cāparaṁ lābham , manyate nādhikaṁ tataḥ ।
yasmin sthito na duḥkhena , guruṇāpi vicālyate ॥ 6.22

taṁ vidyād duḥkhasaṁyoga-viyogaṁ yogasañjñitam ।
sa niścayena yoktavyaḥ , yogo'nirviṇṇacetasā ॥ 6.23

saṅkalpaprabhavān kāmān , tyaktvā sarvān aśeṣataḥ ।
manasaivendriyagrāmam , viniyamya samantataḥ ॥ 6.24

śanaiḥ śanairuparamet , buddhyā dhr̥tigr̥hītayā ।
ātmasaṁsthaṁ mana× kr̥tvā , na kiñcid api cintayet ॥ 6.25

yato yato niścarati , manaś cañcalam asthiram ।
tatas tato niyamyaitat , ātmanyeva vaśaṁ nayet ॥ 6.26

praśāntamanasaṁ hyenam , yoginaṁ sukham uttamam ।
upaiti śāntarajasam , brahmabhūtam akalmaṣam ॥ 6.27

yuñjannevaṁ sadātmānam , yogī vigatakalmaṣaḥ ।
sukhena brahmasaṁsparśam , atyantaṁ sukham aśnute ॥ 6.28

sarvabhūtasthamātmānam , sarvabhūtāni cātmani ।
īkṣate yogayuktātmā , sarvatra samadarśanaḥ ॥ 6.29

yo māṁ paśyati sarvatra , sarvaṁ ca mayi paśyati ।
tasyāhaṁ na praṇaśyāmi , sa ca me na praṇaśyati ॥ 6.30

sarvabhūtasthitaṁ yo mām , bhajatyekatvamāsthitaḥ ।
sarvathā vartamāno'pi , sa yogī mayi vartate ॥ 6.31

ātmaupamyena sarvatra , samaṁ paśyati yo'rjuna ।
sukhaṁ vā yadi vā duḥkham , sa yogī paramo mataḥ ॥ 6.32

arjuna uvāca

yo'yaṁ yogastvayā proktaḥ , sāmyena madhusūdana ।
etasyāhaṁ na paśyāmi , cañcalatvāt sthitiṁ sthirām ॥ 6.33

cañcalaṁ hi manaẖ kr̥ṣṇa , pramāthi balavad dr̥ḍham ।
tasyāhaṁ nigrahaṁ manye , vāyoriva suduṣkaram ॥ 6.34

śrī bhagavān uvāca

asaṁśayaṁ mahābāho , mano durnigrahaṁ calam ।
abhyāsena tu kaunteya , vairāgyeṇa ca gr̥hyate ॥ 6.35

asaṁyatātmanā yogaḥ , duṣprāpa iti me matiḥ ।
vaśyātmanā tu yatatā , śakyo'vāptum upāyataḥ ॥ 6.36

arjuna uvāca

ayatiḥ śraddhayopetaḥ , yogāccalitamānasaḥ ।
aprāpya yogasaṁsiddhim , kāṁ gatiṁ kr̥ṣṇa gacchati ॥ 6.37

kaccin nobhayavibhraṣṭaḥ , chinnābhramiva naśyati ।
apratiṣṭho mahābāho , vimūḍho brahmaṇaẖ pathi ॥ 6.38

etanme saṁśayaṁ kr̥ṣṇa , chettum arhasyaśeṣataḥ ।
tvadanyas saṁśayasyāsya , chettā na hyupapadyate ॥ 6.39

śrī bhagavān uvāca

pārtha naiveha nāmutra , vināśas tasya vidyate ।
na hi kalyāṇakr̥t kaścit , durgatiṁ tāta gacchati ॥ 6.40

prāpya puṇyakr̥tāṁ lokān , uṣitvā śāśvatīs samāḥ ।
śucīnāṁ śrīmatāṁ gehe , yogabhraṣṭo'bhijāyate ॥ 6.41

athavā yogināṁ eva , kule bhavati dhīmatām ।
etaddhi durlabhataram , loke janma yadīdr̥śam ॥ 6.42

tatra taṁ buddhisaṁyogam , labhate paurvadehikam ।
yatate ca tato bhūyaḥ , saṁsiddhau kurunandana ॥ 6.43

pūrvābhyāsena tenaiva , hriyate hyavaśo'pi saḥ ।
jijñāsurapi yogasya , śabdabrahmātivartate ॥ 6.44

prayatnād yatamānas tu , yogī saṁśuddhakilbiṣaḥ ।
anekajanmasaṁsiddhaḥ , tato yāti parāṁ gatim ॥ 6.45

tapasvibhyo'dhiko yogī , jñānibhyo'pi mato'dhikaḥ ।
karmibhyaś cādhiko yogī , tasmād yogī bhavārjuna ॥ 6.46

yoginām api sarveṣām , madgatenāntarātmanā ।
śraddhāvān bhajate yo mām , sa me yuktatamo mataḥ ॥ 6.47

oṁ tat sat । iti śrīmadbhagavadgītāsu upaniṣatsu brahmavidyāyāṁ yogaśāstre śrīkṛṣṇārjunasaṁvāde ātmasaṁyama-yogo nāma ṣaṣṭho'dhyāyaḥ ॥ 6 ॥ (dhyāna-yogo nāma)

oṁ śrī paramātmane namaḥ ।

7 atha saptamo'dhyāyaḥ

śrī bhagavān uvāca

mayyāsaktamanā× pārtha , yogaṁ yuñjan madāśrayaḥ ।
asaṁśayaṁ samagraṁ mām , yathā jñāsyasi tacchṛṇu ॥ 7.1

jñānaṁ te'haṁ savijñānam , idaṁ vakṣyāmyaśeṣataḥ ।
yajjñātvā neha bhūyo'nyat , jñātavyam avaśiṣyate ॥ 7.2

manuṣyāṇāṁ sahasreṣu , kaścid yatati siddhaye ।
yatatām api siddhānām , kaścin māṁ vetti tattvataḥ ॥ 7.3

bhūmirāpo'nalo vāyuḥ , khaṁ mano buddhireva ca ।
ahaṅkāra itīyaṁ me , bhinnā prakṛtir aṣṭadhā ॥ 7.4

apareyamitastvanyām , prakṛtiṁ viddhi me parām ।
jīvabhūtāṁ mahābāho , yayedaṁ dhāryate jagat ॥ 7.5

etad yonīni bhūtāni , sarvāṇītyupadhāraya ।
ahaṁ kṛtsnasya jagataḥ , prabhava× pralayas tathā ॥ 7.6

matta× parataraṁ nānyat , kiñcid asti dhanañjaya ।
mayi sarvamidaṁ protam , sūtre maṇigaṇā iva ॥ 7.7

raso'hamapsu kaunteya , prabhāsmi śaśisūryayoḥ ।
praṇavas sarvavedeṣu , śabda× khe pauruṣaṁ nṛṣu ॥ 7.8

puṇyo gandha× pṛthivyāṁ ca , tejaś cāsmi vibhāvasau ।
jīvanaṁ sarvabhūteṣu , tapaś cāsmi tapasviṣu ॥ 7.9

bījaṁ māṁ sarvabhūtānām , viddhi pārtha sanātanam ।
buddhir buddhimatām asmi , tejas tejasvinām aham ॥ 7.10

balaṁ balavatāṁ cāham , kāmarāgavivarjitam ।(balaṁ balavatāmasmi)
dharmāviruddho bhūteṣu , kāmo'smi bharatarṣabha ॥ 7.11

ye caiva sāttvikā bhāvāḥ , rājasās tāmasāś ca ye ।
matta eveti tān viddhi , na tvahaṁ teṣu te mayi ॥ 7.12

tribhir guṇamayair bhāvaiḥ , ebhis sarvam idaṁ jagat ।
mohitaṁ nābhijānāti , māmebhyaᵡ param avyayam ॥ 7.13

daivī hyeṣā guṇamayī , mama māyā duratyayā ।
māmeva ye prapadyante , māyāmetāṁ taranti te ॥ 7.14

na māṁ duṣkr̥tino mūḍhāḥ , prapadyante narādhamāḥ ।
māyayāpahr̥tajñānāḥ , āsuraṁ bhāvamāśritāḥ ॥ 7.15

caturvidhā bhajante mām , janās sukr̥tino'rjuna ।
ārto jijñāsur arthārthī , jñānī ca bharatarṣabha ॥ 7.16

teṣāṁ jñānī nityayuktaḥ , ekabhaktir viśiṣyate ।
priyo hi jñānino'tyartham , ahaṁ sa ca mama priyaḥ ॥ 7.17

udārās sarva evaite , jñānī tvātmaiva me matam ।
āsthitas sa hi yuktātmā , māmevānuttamāṁ gatim ॥ 7.18

bahūnāṁ janmanām ante , jñānavān māṁ prapadyate ।
vāsudevas sarvam iti , sa mahātmā sudurlabhaḥ ॥ 7.19

kāmais tais tair hr̥tajñānāḥ ,	prapadyante'nyadevatāḥ ।
taṁ taṁ niyamamāsthāya ,	prakr̥tyā niyatās svayā ॥ 7.20

yo yo yāṁ yāṁ tanuṁ bhaktaḥ , śraddhayārcitum icchati ।
tasya tasyācalāṁ śraddhām ,	tām eva vidadhāmyaham ॥ 7.21

sa tayā śraddhayā yuktaḥ ,	tasyārādhanamīhate ।
labhate ca tata× kāmān ,	mayaiva vihitān hi tān ॥ 7.22

antavat tu phalaṁ teṣām ,	tadbhavatyalpamedhasām ।
devān devayajo yānti ,	madbhaktā yānti mām api ॥ 7.23

avyaktaṁ vyaktimāpannam ,	manyante mām abuddhayaḥ ।
paraṁ bhāvam ajānantaḥ ,	mamāvyayam anuttamam ॥ 7.24

nāhaṁ prakāśas sarvasya ,	yogamāyāsamāvr̥taḥ ।
mūḍho'yaṁ nābhijānāti ,	loko mām ajam avyayam ॥ 7.25

vedāhaṁ samatītāni ,	vartamānāni cārjuna ।
bhaviṣyāṇi ca bhūtāni ,	māṁ tu veda na kaścana ॥ 7.26

icchādveṣasamutthena ,	dvandvamohena bhārata ।
sarvabhūtāni sammoham ,	sarge yānti parantapa ॥ 7.27

yeṣāṁ tvantagataṁ pāpam ,	janānāṁ puṇyakarmaṇām ।
te dvandvamohanirmuktāḥ ,	bhajante māṁ dr̥ḍhavratāḥ ॥ 7.28

jarāmaraṇamokṣāya ,	mām āśritya yatanti ye ।
te brahma tad vidu× kr̥tsnam ,	adhyātmaṁ karma cākhilam ॥ 7.29

sādhibhūtādhidaivaṁ mām , sādhiyajñaṁ ca ye viduḥ ।
prayāṇakāle'pi ca mām , te vidur yuktacetasaḥ ॥ 7.30

oṁ tat sat । iti śrīmadbhagavadgītāsu upaniṣatsu brahmavidyāyāṁ yogaśāstre śrīkṛṣṇārjunasaṁvāde jñāna-vijñāna-yogo nāma saptamo'dhyāyaḥ ॥ 7॥

oṁ śrī paramātmane namaḥ ।

8 atha aṣṭamo'dhyāyaḥ

arjuna uvāca

kiṁ tad brahma kim adhyātmam , kiṁ karma puruṣottama ।
adhibhūtaṁ ca kiṁ proktam , adhidaivaṁ kim ucyate ॥ 8.1

adhiyajña× kathaṁ ko'tra , dehe'smin madhusūdana ।
prayāṇakāle ca katham , jñeyo'si niyatātmabhiḥ ॥ 8.2

śrī bhagavān uvāca

akṣaraṁ brahma paramam , svabhāvo'dhyātmam ucyate ।
bhūtabhāvodbhavakaraḥ , visarga× karmasañjñitaḥ ॥ 8.3

adhibhūtaṁ kṣaro bhāvaḥ , puruṣaś cādhidaivatam ।
adhiyajño'hamevātra , dehe dehabhṛtāṁ vara ॥ 8.4

antakāle ca mām eva , smaran muktvā kalevaram ।
ya× prayāti sa madbhāvam , yāti nāstyatra saṁśayaḥ ॥ 8.5

yaṁ yaṁ vāpi smaran bhāvam , tyajatyante kalevaram ।
taṁ tamevaiti kaunteya , sadā tadbhāvabhāvitaḥ ॥ 8.6

tasmāt sarveṣu kāleṣu , mām anusmara yudhya ca ।
mayyarpitamanobuddhiḥ , māmevaiṣyasyasaṁśayam ॥ 8.7
(māmevaiṣyasyasaṁśayaḥ)

abhyāsayogayuktena , cetasā nānyagāminā ।
paramaṁ puraṣaṁ divyam , yāti pārthānucintayan ॥ 8.8

kaviṁ purāṇam anuśāsitāram , aṇoraṇīyāṁsam anusmared yaḥ ।
sarvasya dhātāram acintyarūpam , ādityavarṇaṁ tamasa× parastāt ॥ 8.9

prayāṇakāle manasācalena , bhaktyā yukto yogabalena caiva ।
bhruvor madhye prāṇam āveśya samyak , sa taṁ paraṁ puruṣam upaiti divyam ॥ 8.10

yad akṣaraṁ vedavido vadanti , viśanti yad yatayo vītarāgāḥ ।
yadicchanto brahmacaryaṁ caranti , tatte padaṁ saṅgraheṇa pravakṣye ॥ 8.11

sarvadvārāṇi saṁyamya , mano hṛdi nirudhya ca ।
mūrdhnyādhāyātmana× prāṇam , āsthito yogadhāraṇām ॥ 8.12

oṁ ityekākṣaraṁ brahma , vyāharan mām anusmaran ।
ya× prayāti tyajan deham , sa yāti paramāṁ gatim ॥ 8.13

ananyacetās satatam , yo māṁ smarati nityaśaḥ ।
tasyāhaṁ sulabha× pārtha , nityayuktasya yoginaḥ ॥ 8.14

mām upetya punarjanma , duḥkhālayam aśāśvatam ।
nāpnuvanti mahātmānaḥ , saṁsiddhiṁ paramāṁ gatāḥ ॥ 8.15

ābrahmabhuvanāllokāḥ , punarāvartino'rjuna ।
mām upetya tu kaunteya , punarjanma na vidyate ॥ 8.16

sahasrayugaparyantam , aharyadbrahmaṇo viduḥ ।
rātriṁ yugasahasrāntām , te'horātravido janāḥ ॥ 8.17

avyaktād vyaktayas sarvā: , prabhavantyaharāgame ।
rātryāgame pralīyante , tatraivāvyaktasañjñake ॥ 8.18

bhūtagrāmas sa evāyam , bhūtvā bhūtvā pralīyate ।
rātryāgame'vaśa× pārtha , prabhavatyaharāgame ॥ 8.19

paras tasmāt tu bhāvo'nyaḥ , avyakto'vyaktāt sanātanaḥ ।
yas sa sarveṣu bhūteṣu , naśyatsu na vinaśyati ॥ 8.20

avyakto'kṣara ityuktaḥ , tamāhu× paramāṁ gatim ।
yaṁ prāpya na nivartante , taddhāma paramaṁ mama ॥ 8.21

puruṣas sa para× pārtha , bhaktyā labhyas tvananyayā ।
yasyāntaḥsthāni bhūtāni , yena sarvam idaṁ tatam ॥ 8.22

yatra kāle tvanāvr̥ttim , āvr̥ttiṁ caiva yoginaḥ ।
prayātā yānti taṁ kālam , vakṣyāmi bharatarṣabha ॥ 8.23

agnir jyotirahaḥ śuklaḥ , ṣaṇmāsā uttarāyaṇam ।
tatra prayātā gacchanti , brahma brahmavido janāḥ ॥ 8.24

dhūmo rātris tathā kr̥ṣṇaḥ , ṣaṇmāsā dakṣiṇāyanam ।
tatra cāndramasaṁ jyotiḥ , yogī prāpya nivartate ॥ 8.25

śuklakr̥ṣṇe gatī hyete , jagataś śāśvate mate ।
ekayā yātyanāvr̥ttim , anyayāvartate punaḥ ॥ 26 (anyayā''vartate punaḥ)

naite sr̥tī pārtha jānan , yogī muhyati kaścana ।
tasmāt sarveṣu kāleṣu , yogayukto bhavārjuna ॥ 8.27

vedeṣu yajñeṣu tapaḥsu caiva , dāneṣu yat puṇyaphalaṁ pradiṣṭam ।
atyeti tat sarvamidaṁ viditvā , yogī paraṁ sthānam upaiti cādyam ॥ 8.28

oṁ tat sat I iti śrīmadbhagavadgītāsu upaniṣatsu brahmavidyāyāṁ yogaśāstre śrīkṛṣṇārjunasaṁvāde akṣara-brahma-yogo nāma aṣṭamo'dhyāyaḥ II 8II

oṁ śrī paramātmane namaḥ ।

9 atha navamo'dhyāyaḥ

śrī bhagavān uvāca

idaṁ tu te guhyatamam , pravakṣyāmyanasūyave ।
jñānaṁ vijñānasahitam , yajjñātvā mokṣyase'śubhāt ॥ 9.1

rājavidyā rājaguhyam , pavitram idam uttamam ।
pratyakṣāvagamaṁ dharmyam , susukhaṁ kartum avyayam ॥ 9.2

aśraddadhānā× puruṣāḥ , dharmasyāsya parantapa ।
aprāpya māṁ nivartante , mr̥tyusaṁsāravartmani ॥ 9.3

mayā tatam idaṁ sarvam , jagad avyaktamūrtinā ।
matsthāni sarvabhūtāni , na cāhaṁ teṣvavasthitaḥ ॥ 9.4

na ca matsthāni bhūtāni , paśya me yogamaiśvaram ।
bhūtabhr̥nna ca bhūtasthaḥ , mamātmā bhūtabhāvanaḥ ॥ 9.5

yathākāśasthito nityam , vāyus sarvatrago mahān ।
tathā sarvāṇi bhūtāni , matsthānītyupadhāraya ॥ 9.6

sarvabhūtāni kaunteya , prakr̥tiṁ yānti māmikām ।
kalpakṣaye punas tāni , kalpādau visr̥jāmyaham ॥ 9.7

prakr̥tiṁ svām avaṣṭabhya , visr̥jāmi puna× punaḥ ।
bhūtagrāmam imaṁ kr̥tsnam , avaśaṁ prakr̥tervaśāt ॥ 9.8

na ca māṁ tāni karmāṇi , nibadhnanti dhanañjaya ।
udāsīnavadāsīnam , asaktaṁ teṣu karmasu ॥ 9.9

mayādhyakṣeṇa prakṛtiḥ , sūyate sacarācaram ।
hetunānena kaunteya , jagad viparivartate ॥ 9.10

avajānanti māṁ mūḍhāḥ , mānuṣīṁ tanum āśritam ।
paraṁ bhāvam ajānantaḥ , mama bhūtamaheśvaram ॥ 9.11

moghāśā moghakarmāṇaḥ , moghajñānā vicetasaḥ ।
rākṣasīm āsurīṁ caiva , prakṛtiṁ mohinīṁ śritāḥ ॥ 9.12

mahātmānas tu māṁ pārtha , daivīṁ prakṛtim āśritāḥ ।
bhajantyananyamanasaḥ , jñātvā bhūtādim avyayam ॥ 9.13

satataṁ kīrtayanto mām , yatantaśca dṛḍhavratāḥ ।
namasyantaśca māṁ bhaktyā , nityayuktā upāsate ॥ 9.14

jñānayajñena cāpyanye , yajanto mām upāsate ।
ekatvena pṛthaktvena , bahudhā viśvatomukham ॥ 9.15

ahaṁ kraturahaṁ yajñaḥ , svadhāhamahamauṣadham ।
mantro'hamahamevājyam , aham agnir ahaṁ hutam ॥ 9.16

pitāhamasya jagataḥ , mātā dhātā pitāmahaḥ ।
vedyaṁ pavitram oṅkāraḥ , ṛk sāma yajur eva ca ॥ 9.17 (ॐkāraḥ)

gatir bhartā prabhus sākṣī , nivāsaś śaraṇaṁ suhṛt ।
prabhava× pralayas sthānam , nidhānaṁ bījam avyayam ॥ 9.18

tapāmyahamahaṁ varṣam , nigr̥hṇāmyutsr̥jāmi ca ।
amr̥taṁ caiva mr̥tyuśca , sad asaccāham arjuna ॥ 9.19

traividyā māṁ somapā× pūtapāpāḥ, yajñairiṣṭvā svargatiṁ prārthayante।
te puṇyamāsādya surendralokam , aśnanti divyān divi devabhogān ॥9.20

te taṁ bhuktvā svargalokaṁ viśālam , kṣīṇe puṇye martyalokaṁ viśanti ।
evaṁ trayīdharmam anuprapannāḥ , gatāgataṁ kāmakāmā labhante ॥21

ananyāś cintayanto mām , ye janā× paryupāsate ।
teṣāṁ nityābhiyuktānām , yogakṣemaṁ vahāmyaham ॥ 9.22

ye'pyanyadevatā bhaktāḥ , yajante śraddhayānvitāḥ ।
te'pi māmeva kaunteya , yajantyavidhipūrvakam ॥ 9.23

ahaṁ hi sarvayajñānām , bhoktā ca prabhureva ca ।
na tu mām abhijānanti , tattvenātaś cyavanti te ॥ 9.24

yānti devavratā devān , pitr̥̄nyānti pitr̥vratāḥ ।
bhūtāni yānti bhūtejyāḥ , yānti madyājino'pi mām ॥ 9.25

patraṁ puṣpaṁ phalaṁ toyam , yo me bhaktyā prayacchati ।
tad ahaṁ bhaktyupahr̥tam , aśnāmi prayatātmanaḥ ॥ 9.26

yat karoṣi yad aśnāsi , yajjuhoṣi dadāsi yat ।
yat tapasyasi kaunteya , tat kuruṣva madarpaṇam ॥ 9.27

śubhāśubhaphalairevam , mokṣyase karmabandhanaiḥ ।
sannyāsayogayuktātmā , vimukto mām upaiṣyasi ॥ 9.28

samo'haṁ sarvabhūteṣu , na me dveṣyo'sti na priyaḥ ।
ye bhajanti tu māṁ bhaktyā , mayi te teṣu cāpyaham ॥ 9.29

api cet sudurācāraḥ , bhajate mām ananyabhāk ।
sādhureva sa mantavyaḥ , samyagvyavasito hi saḥ ॥ 9.30

kṣipraṁ bhavati dharmātmā , śaśvacchāntiṁ nigacchati ।
kaunteya pratijānīhi , na me bhakta× praṇaśyati ॥ 9.31

māṁ hi pārtha vyapāśritya , ye'pi syu× pāpayonayaḥ ।
striyo vaiśyās tathā śūdrāḥ , te'pi yānti parāṁ gatim ॥ 9.32

kiṁ punar brāhmaṇā× puṇyāḥ , bhaktā rājarṣayas tathā ।
anityam asukhaṁ lokam , imaṁ prāpya bhajasva mām ॥ 9.33

manmanā bhava madbhaktaḥ , madyājī māṁ namaskuru ।
māmevaiṣyasi yuktvaivam , ātmānaṁ matparāyaṇaḥ ॥ 9.34

oṁ tat sat ।

iti śrīmadbhagavadgītāsu upaniṣatsu brahmavidyāyāṁ yogaśāstre śrīkṛṣṇārjunasaṁvāde rājavidyā-rājaguhya-yogo nāma navamo'dhyāyaḥ ॥ 9 ॥

oṁ śrī paramātmane namaḥ ।

10 atha daśamo'dhyāyaḥ

śrī bhagavān uvāca

bhūya eva mahābāho , śṛṇu me paramaṁ vacaḥ ।
yatte'haṁ prīyamāṇāya , vakṣyāmi hitakāmyayā ॥ 10.1

na me vidus suragaṇāḥ , prabhavaṁ na maharṣayaḥ ।
aham ādir hi devānām , maharṣīṇāṁ ca sarvaśaḥ ॥ 10.2

yo mām ajam anādiṁ ca , vetti lokamaheśvaram ।
asammūḍhas sa martyeṣu , sarvapāpaiˣ pramucyate ॥ 10.3

buddhir jñānam asammohaḥ , kṣamā satyaṁ damaś śamaḥ ।
sukhaṁ duḥkhaṁ bhavo'bhāvaḥ , bhayaṁ cābhayam eva ca ॥ 10.4

ahiṁsā samatā tuṣṭiḥ , tapo dānaṁ yaśo'yaśaḥ ।
bhavanti bhāvā bhūtānām , matta eva pṛthagvidhāḥ ॥ 10.5

maharṣayas sapta pūrve , catvāro manavas tathā ।
madbhāvā mānasā jātāḥ , yeṣāṁ loka imāˣ prajāḥ ॥ 10.6

etāṁ vibhūtiṁ yogaṁ ca , mama yo vetti tattvataḥ ।
so'vikampena yogena , yujyate nātra saṁśayaḥ ॥ 10.7

ahaṁ sarvasya prabhavaḥ , mattas sarvaṁ pravartate ।
iti matvā bhajante mām , budhā bhāvasamanvitāḥ ॥ 10.8

maccittā madgataprāṇāḥ , bodhayantaˣ parasparam ।
kathayantaśca māṁ nityam , tuṣyanti ca ramanti ca ॥ 10.9

teṣāṁ satatayuktānām , bhajatāṁ prītipūrvakam |
dadāmi buddhiyogaṁ tam , yena mām upayānti te || 10.10

teṣām evānukampārtham , aham ajñānajaṁ tamaḥ |
nāśayāmyātmabhāvasthaḥ , jñānadīpena bhāsvatā || 10.11

arjuna uvāca
paraṁ brahma paraṁ dhāma , pavitraṁ paramaṁ bhavān |
puruṣaṁ śāśvataṁ divyam , ādidevam ajaṁ vibhum || 10.12

āhus tvām r̥ṣayas sarve , devarṣir nāradas tathā |
asito devalo vyāsaḥ , svayaṁ caiva bravīṣi me || 10.13

sarvam etad r̥taṁ manye , yanmāṁ vadasi keśava |
na hi te bhagavan vyaktim , vidur devā na dānavāḥ || 10.14

svayam evātmanātmānam , vettha tvaṁ puruṣottama |
bhūtabhāvana bhūteśa , devadeva jagatpate || 10.15

vaktum arhasyaśeṣeṇa , divyā hyātmavibhūtayaḥ |
yābhir vibhūtibhir lokān , imāṁstvaṁ vyāpya tiṣṭhasi || 10.16

kathaṁ vidyāmahaṁ yogin , tvāṁ sadā paricintayan |
keṣu keṣu ca bhāveṣu , cintyo'si bhagavan mayā || 10.17

vistareṇātmano yogam , vibhūtiṁ ca janārdana |
bhūyaḥ kathaya tr̥ptir hi , śr̥ṇvato nāsti me'mr̥tam || 10.18

śrī bhagavān uvāca
hanta te kathayiṣyāmi , divyā hyātmavibhūtayaḥ |
prādhānyataḥ kuruśreṣṭha , nāstyanto vistarasya me || 10.19

aham ātmā guḍākeśa , sarvabhūtāśayasthitaḥ ।
aham ādiśca madhyaṁ ca , bhūtānāmanta eva ca ॥ 10.20

ādityānām ahaṁ viṣṇuḥ , jyotiṣāṁ ravir aṁśumān ।
marīcir marutām asmi , nakṣatrāṇām ahaṁ śaśī ॥ 10.21

vedānāṁ sāmavedo'smi , devānām asmi vāsavaḥ ।
indriyāṇāṁ manaś cāsmi , bhūtānām asmi cetanā ॥ 10.22

rudrāṇāṁ śaṅkaraś cāsmi , vitteśo yakṣarakṣasām ।
vasūnāṁ pāvakaś cāsmi , meruś śikhariṇām aham ॥ 23

purodhasāṁ ca mukhyaṁ mām , viddhi pārtha bṛhaspatim ।
senānīnām ahaṁ skandaḥ , sarasām asmi sāgaraḥ ॥ 10.24

maharṣīṇāṁ bhṛgur aham , girām asmyekam akṣaram ।
yajñānāṁ japayajño'smi , sthāvarāṇāṁ himālayaḥ ॥ 10.25

aśvatthas sarvavṛkṣāṇām , devarṣīṇāṁ ca nāradaḥ ।
gandharvāṇāṁ citrarathaḥ , siddhānāṁ kapilo muniḥ ॥ 10.26

uccaiḥśravasam aśvānām , viddhi mām amṛtodbhavam ।
airāvataṁ gajendrāṇām , narāṇāṁ ca narādhipam ॥ 10.27

āyudhānām ahaṁ vajram , dhenūnām asmi kāmadhuk ।
prajanaś cāsmi kandarpaḥ , sarpāṇām asmi vāsukiḥ ॥ 10.28

anantaś cāsmi nāgānām , varuṇo yādasām aham ।
pitṝṇām aryamā cāsmi , yamas saṁyamatām aham ॥ 10.29

prahlādaś cāsmi daityānām , kāla× kalayatāmaham ।
mr̥gāṇāṁ ca mr̥gendro'ham , vainateyaśca pakṣiṇām ॥ 10.30

pavana× pavatām asmi , rāmaś śastrabhr̥tāmaham ।
jhaṣāṇāṁ makaraś cāsmi , srotasām asmi jāhnavī ॥ 10.31

sargāṇām ādirantaśca , madhyaṁ caivāham arjuna ।
adhyātmavidyā vidyānām , vāda× pravadatām aham ॥ 10.32

akṣarāṇām akāro'smi , dvandvas sāmāsikasya ca ।
aham evākṣaya× kālaḥ , dhātāhaṁ viśvatomukhaḥ ॥ 10.33

mr̥tyus sarvaharaś cāham , udbhavaśca bhaviṣyatām ।
kīrtiḥ śrīrvāk ca nārīṇām , smr̥tir medhā dhr̥tiḥ kṣamā ॥ 10.34

br̥hatsāma tathā sāmnām , gāyatrī chandasām aham ।
māsānāṁ mārgaśīrṣo'ham , r̥tūnāṁ kusumākaraḥ ॥ 10.35

dyūtaṁ chalayatām asmi , tejas tejasvinām aham ।
jayo'smi vyavasāyo'smi , sattvaṁ sattvavatām aham ॥ 10.36

vr̥ṣṇīnāṁ vāsudevo'smi , pāṇḍavānāṁ dhanañjayaḥ ।
munīnām apyahaṁ vyāsaḥ , kavīnām uśanā kaviḥ ॥ 10.37

daṇḍo damayatām asmi , nītir asmi jigīṣatām ।
maunaṁ caivāsmi guhyānām , jñānaṁ jñānavatām aham ॥ 10.38

yaccāpi sarvabhūtānām , bījaṁ tad aham arjuna ।
na tadasti vinā yat syāt , mayā bhūtaṁ carācaram ॥ 10.39

nānto'sti mama divyānām , vibhūtīnāṁ parantapa ।
eṣa tūddeśata× proktaḥ , vibhūter vistaro mayā ॥ 10.40

yad yad vibhūtimat sattvam , śrīmad ūrjitam eva vā ।
tat tad evāvagacchatvam , mama tejoṁ'śasambhavam ॥ 10.41
(tejaḥ aṁśa-sambhavam ,)

athavā bahunaitena , kiṁ jñātena tavārjuna ।
viṣṭabhyāham idaṁ kṛtsnam , ekāṁśena sthito jagat ॥ 10.42

oṁ tat sat ।
iti śrīmadbhagavadgītāsu upaniṣatsu brahmavidyāyāṁ yogaśāstre śrīkṛṣṇārjunasaṁvāde vibhūti-yogo nāma daśamo'dhyāyaḥ ॥ 10॥

oṁ śrī paramātmane namaḥ ।

11 atha ekādaśo'dhyāyaḥ

arjuna uvāca

madanugrahāya paramam , guhyam adhyātmasañjñitam ।
yat tvayoktaṁ vacastena , moho'yaṁ vigato mama ॥ 11.1

bhavāpyayau hi bhūtānām , śrutau vistaraśo mayā ।
tvatta× kamalapatrākṣa , māhātmyam api cāvyayam ॥ 11.2

evam etad yathāttha tvam , ātmānaṁ parameśvara ।
draṣṭum icchāmi te rūpam , aiśvaraṁ puruṣottama ॥ 11.3

manyase yadi tacchakyam , mayā draṣṭum iti prabho ।
yogeśvara tato me tvam , darśayātmānam avyayam ॥ 11.4

śrī bhagavān uvāca

paśya me pārtha rūpāṇi , śataśo'tha sahasraśaḥ ।
nānāvidhāni divyāni , nānāvarṇākṛtīni ca ॥ 11.5

paśyādityān vasūn rudrān , aśvinau marutas tathā ।
bahūnyadṛṣṭapūrvāṇi , paśyāścaryāṇi bhārata ॥ 11.6

ihaikasthaṁ jagat kṛtsnam , paśyādya sacarācaram ।
mama dehe guḍākeśa , yaccānyad draṣṭum icchasi ॥ 11.7

na tu māṁ śakyase draṣṭum , anenaiva svacakṣuṣā ।
divyaṁ dadāmi te cakṣuḥ , paśya me yogam aiśvaram ॥ 11.8

sañjaya uvāca

evam uktvā tato rājan , mahāyogeśvaro hariḥ ।
darśayāmāsa pārthāya , paramaṁ rūpam aiśvaram ॥ 11.9

anekavaktranayanam , anekādbhutadarśanam ।
anekadivyābharaṇam , divyānekodyatāyudham ॥ 11.10

divyamālyāmbaradharam , divyagandhānulepanam ।
sarvāścaryamayaṁ devam , anantaṁ viśvatomukham ॥ 11.11

divi sūryasahasrasya , bhaved yugapad utthitā ।
yadi bhās sadr̥śī sā syāt , bhāsas tasya mahātmanaḥ ॥ 11.12

tatraikasthaṁ jagat kr̥tsnam , pravibhaktam anekadhā ।
apaśyad devadevasya , śarīre pāṇḍavas tadā ॥ 11.13

tatas sa vismayāviṣṭaḥ , hr̥ṣṭaromā dhanañjayaḥ ।
praṇamya śirasā devam , kr̥tāñjalir abhāṣata ॥ 11.14

arjuna uvāca
paśyāmi devāṁstava deva dehe , sarvāṁstathā bhūtaviśeṣasaṅghān ।
brahmāṇam īśaṁ kamalāsanastham , r̥ṣīṁśca sarvān uragāṁśca divyān ॥
11.15

anekabāhūdaravaktranetram , paśyāmi tvāṁ sarvato'nantarūpam ।
nāntaṁ na madhyaṁ na punas tavādim , paśyāmi viśveśvara viśvarūpa ॥
11.16

kirīṭinaṁ gadinaṁ cakriṇaṁ ca , tejorāśiṁ sarvato dīptimantam ।
paśyāmi tvāṁ durnirīkṣyaṁ samantāt , dīptānalārkadyutim aprameyam ॥
11.17

tvam akṣaraṁ paramaṁ veditavyam , tvam asya viśvasya paraṁ
nidhānam ।
tvam avyayaś śāśvatadharmagoptā , sanātanastvaṁ puruṣo mato me ॥ 18

anādimadhyāntam anantavīryam , anantabāhuṁ śaśisūryanetram ।
paśyāmi tvāṁ dīptahutāśavaktram , svatejasā viśvam idaṁ tapantam ॥19

dyāvāpr̥thivyor idam antaraṁ hi , vyāptaṁ tvayaikena diśaśca sarvāḥ ।
dr̥ṣṭvādbhutaṁ rūpam ugraṁ tavedam , lokatrayaṁ pravyathitaṁ mahātman ॥ 11.20

amī hi tvāṁ surasaṅghā viśanti , kecidbhītā× prāñjalayo gr̥ṇanti ।
svastītyuktvā maharṣisiddhasaṅghāḥ , stuvanti tvāṁ stutibhi× puṣkalābhiḥ ॥ 11.21

rudrādityā vasavo ye ca sādyāḥ , viśve'śvinau marutaścoṣmapāśca ।
gandharvayakṣāsurasiddhasaṅghāḥ , vīkṣante tvāṁ vismitāścaiva sarve ॥ 11.22

rūpaṁ mahatte bahuvaktranetram , mahābāho bahubāhūrupādam ।
bahūdaraṁ bahudaṁṣṭrākarālam , dr̥ṣṭvā lokā× pravyathitās tathāham ॥ 11.23

nabhaḥspr̥śaṁ dīptam anekavarṇam , vyāttānanaṁ dīptaviśālanetram ।
dr̥ṣṭvā hi tvāṁ pravyathitāntarātmā , dhr̥tiṁ na vindāmi śamaṁ ca viṣṇo ॥ 11.24

daṁṣṭrākarālāni ca te mukhāni , dr̥ṣṭvaiva kālānalasannibhāni ।
diśo na jāne na labhe ca śarma , prasīda deveśa jagannivāsa ॥ 11.25

ami ca tvāṁ dhr̥tarāṣṭrasya putrāḥ , sarve sahaivāvanipālasaṅghaiḥ ।
bhīṣmo droṇas sūtaputras tathāsau , sahāsmadīyair api yodhamukhyaiḥ ॥ 11.26

vaktrāṇi te tvaramāṇā viśanti , daṁṣṭrākarālāni bhayānakāni ।
kecid vilagnā daśanāntareṣu , sandṛśyante cūrṇitair uttamāṅgaiḥ ॥ 11.27

yathā nadīnāṁ bahavo'mbuvegāḥ , samudram evābhimukhā dravanti ।
tathā tavāmī naralokavīrāḥ , viśanti vaktrāṇyabhivijvalanti ॥ 11.28

yathā pradīptaṁ jvalanaṁ pataṅgāḥ , viśanti nāśāya samṛddhavegāḥ ।
tathaiva nāśāya viśanti lokāḥ , tavāpi vaktrāṇi samṛddhavegāḥ ॥ 11.29

lelihyase grasamānas samantāt , lokān samagrān vadanair jvaladbhiḥ ।
tejobhir āpūrya jagat samagram , bhāsas tavogrā× pratapanti viṣṇo ॥ 30

ākhyāhi me ko bhavān ugrarūpaḥ , namo'stu te devavara prasīda ।
vijñātum icchāmi bhavantam ādyam , na hi prajānāmi tava pravṛttim ॥ 11.31

śrī bhagavān uvāca

kālo'smi lokakṣayakṛtpravṛtaddhaḥ , lokān samāhartum iha pravṛttaḥ ।
ṛte'pi tvāṁ na bhaviṣyanti sarve , ye'vasthitā× pratyanīkeṣu yodhāḥ ॥ 32

tasmāt tvam uttiṣṭha yaśo labhasva , jitvā śatrūn bhuṅkṣva rājyaṁ samṛddham ।
mayaivaite nihatā× pūrvam eva , nimittamātraṁ bhava savyasācin ॥11.33

droṇaṁ ca bhīṣmaṁ ca jayadrathaṁ ca , karṇaṁ tathānyān api yodhavīrān ।
mayā hatāṁstvaṁ jahi mā vyathiṣṭhāḥ , yudhyasva jetāsi raṇe sapatnān ॥ 11.34

sañjaya uvāca

etacchrutvā vacanaṁ keśavasya , kṛtāñjalir vepamāna× kirīṭī ।
namaskṛtvā bhūya evāha kṛṣṇam,sagadgadaṁ bhītabhīta× praṇamya॥35

arjuna uvāca

sthāne hṛṣīkeśa tava prakīrtyā , jagat prahṛṣyatyanurajyate ca ।
rakṣāṁsi bhītāni diśo dravanti , sarve namasyanti ca siddhasaṅghāḥ ॥ 36

kasmācca te na nameran mahātman , garīyase brahmaṇo'pyādikartre ।
ananta deveśa jagannivāsa , tvam akṣaraṁ sad asat tat paraṁ yat ॥11.37

tvam ādideva× puruṣa× purāṇaḥ , tvam asya viśvasya paraṁ nidhānam ।
vettāsi vedyaṁ ca paraṁ ca dhāma , tvayā tataṁ viśvam anantarūpa ॥38

vāyur yamo'gnir varuṇaś śaśāṅkaḥ , prajāpatis tvaṁ prapitāmahaśca ।
namo namaste'stu sahasrakṛtvaḥ , punaśca bhūyo'pi namo namaste ॥ 39

nama× purastād atha pṛṣṭhatas te , namo'stu te sarvata eva sarva ।
anantavīryāmitavikramas tvam , sarvaṁ samāpnoṣi tato'si sarvaḥ ॥11.40

sakheti matvā prasabhaṁ yad uktam , he kṛṣṇa he yādava he sakheti ।
ajānatā mahimānaṁ tavedam , mayā pramādāt praṇayena vāpi ॥ 11.41

yaccāvahāsārtham asatkṛto'si , vihāraśayyāsanabhojaneṣu ।
eko'thavāpyacyuta tat samakṣam , tat kṣāmaye tvām aham aprameyam ॥
11.42

pitāsi lokasya carācarasya , tvam asya pūjyaśca gurur garīyān ।
na tvatsamo'styabhyadhika× kuto'nyaḥ , lokatraye'pyapratimaprabhāva
॥ 11.43

tasmāt praṇamya praṇidhāya kāyam , prasādaye tvām aham īśam īḍyam ।
piteva putrasya sakheva sakhyuḥ , priya× priyāyārhasi deva soḍhum ॥ 44

adr̥ṣṭapūrvaṁ hr̥ṣito'smi dr̥ṣṭvā , bhayena ca pravyathitaṁ mano me ।
tadeva me darśaya devarūpam , prasīda deveśa jagannivāsa ॥ 11.45

kirīṭinaṁ gadinaṁ cakrahastam , icchāmi tvāṁ draṣṭum ahaṁ tathaiva ।
tenaiva rūpeṇa caturbhujena , sahasrabāho bhava viśvamūrte ॥ 11.46

śrī bhagavān uvāca

mayā prasannena tavārjunedam , rūpaṁ paraṁ darśitam ātmayogāt ।
tejomayaṁ viśvam anantam ādyam , yanme tvad anyena na dr̥ṣṭapūrvam ॥ 11.47

na vedayajñādhyayanair na dānaiḥ , na ca kriyābhir na tapobhir ugraiḥ ।
evaṁrūpaś śakya ahaṁ nr̥loke , draṣṭuṁ tvad anyena kurupravīra ॥ 11.48

mā te vyathā mā ca vimūḍhabhāvaḥ , dr̥ṣṭvā rūpaṁ ghoram īdr̥ṅ mamedam ।
vyapetabhīẋ prītamanāẋ punas tvam , tad eva me rūpam idaṁ prapaśya ॥ 11.49

sañjaya uvāca

ityarjunaṁ vāsudevas tathoktvā , svakaṁ rūpaṁ darśayāmāsa bhūyaḥ ।
āśvāsayāmāsa ca bhītam enam , bhūtvā punas saumyavapur mahātmā ॥ 11.50

arjuna uvāca

dr̥ṣṭvedaṁ mānuṣaṁ rūpam , tava saumyaṁ janārdana ।
idānīm asmi saṁvr̥ttaḥ , sacetāẋ prakr̥tiṁ gataḥ ॥ 11.51

śrī bhagavān uvāca

sudurdarśam idaṁ rūpam , dr̥ṣṭavānasi yanmama ।
devā apyasya rūpasya , nityaṁ darśanakāṅkṣiṇaḥ ॥ 11.52

nāhaṁ vedairna tapasā , na dānena na cejyayā ।
śakya evaṁvidho draṣṭum , dṛṣṭavānasi māṁ yathā ॥ 11.53

bhaktyā tvananyayā śakyaḥ , aham evaṁvidho'rjuna ।
jñātuṁ draṣṭuṁ ca tattvena , praveṣṭuṁ ca parantapa ॥ 11.54

matkarmakṛnmatparamaḥ , madbhaktas saṅgavarjitaḥ ।
nirvairas sarvabhūteṣu , yas sa mām eti pāṇḍava ॥ 11.55

oṁ tat sat ।

iti śrīmadbhagavadgītāsu upaniṣatsu brahmavidyāyāṁ yogaśāstre śrīkṛṣṇārjunasaṁvāde viśva-rūpa-darśana-yogo nāma ekādaśo'dhyāyaḥ ॥ 11 ॥

oṁ śrī paramātmane namaḥ ।

12 atha dvādaśo'dhyāyaḥ

arjuna uvāca

evaṁ satatayuktā ye , bhaktās tvāṁ paryupāsate ।
ye cāpyakṣaram avyaktam , teṣāṁ ke yogavittamāḥ ॥ 12.1

śrī bhagavān uvāca

mayyāveśya mano ye mām , nityayuktā upāsate ।
śraddhayā parayopetāḥ , te me yuktatamā matāḥ ॥ 12.2

ye tvakṣaram anirdeśyam , avyaktaṁ paryupāsate ।
sarvatragam acintyaṁ ca , kūṭastham acalaṁ dhruvam ॥ 12.3

sanniyamyendriyagrāmam , sarvatra samabuddhayaḥ ।
te prāpnuvanti mām eva , sarvabhūtahite ratāḥ ॥ 12.4

kleśo'dhikataras teṣām , avyaktāsaktacetasām ।
avyaktā hi gatir duḥkham , dehavadbhir avāpyate ॥ 12.5

ye tu sarvāṇi karmāṇi , mayi sannyasya matparāḥ ।
ananyenaiva yogena , māṁ dhyāyanta upāsate ॥ 12.6

teṣām ahaṁ samuddhartā , mṛtyusaṁsārasāgarāt ।
bhavāmi nacirāt pārtha , mayyāveśitacetasām ॥ 12.7

mayyeva mana ādhatsva , mayi buddhiṁ niveśaya ।
nivasiṣyasi mayyeva , ata ūrdhvaṁ na saṁśayaḥ ॥ 12.8

atha cittaṁ samādhātum , na śaknoṣi mayi sthiram ।
abhyāsayogena tataḥ , mām icchāptuṁ dhanañjaya ॥ 12.9

abhyāse'pyasamartho'si , matkarmaparamo bhava ।
madartham api karmāṇi , kurvan siddhim avāpsyasi ॥ 12.10

athaitadapyaśakto'si , kartuṁ madyogam āśritaḥ ।
sarvakarmaphalatyāgam , tata× kuru yatātmavān ॥ 12.11

śreyo hi jñānam abhyāsāt , jñānād dhyānaṁ viśiṣyate ।
dhyānāt karmaphalatyāgaḥ , tyāgācchāntir anantaram ॥ 12.12

adveṣṭā sarvabhūtānām , maitra× karuṇa eva ca ।
nirmamo nirahaṅkāraḥ , samaduḥkhasukhaḥ kṣamī ॥ 12.13

santuṣṭas satataṁ yogī , yatātmā dr̥ḍhaniścayaḥ ।
mayyarpitamanobuddhiḥ , yo madbhaktas sa me priyaḥ ॥ 12.14

yasmānnodvijate lokaḥ , lokānnodvijate ca yaḥ ।
harṣāmarṣabhayodvegaiḥ , mukto yas sa ca me priyaḥ ॥ 12.15

anapekṣaḥ śucirdakṣaḥ , udāsīno gatavyathaḥ ।
sarvārambhaparityāgī , yo madbhaktas sa me priyaḥ ॥ 12.16

yo na hr̥ṣyati na dveṣṭi , na śocati na kāṅkṣati ।
śubhāśubhaparityāgī , bhaktimānyas sa me priyaḥ ॥ 12.17

samaś śatrau ca mitre ca , tathā mānāpamānayoḥ ।
śītoṣṇasukhaduḥkheṣu , samas saṅgavivarjitaḥ ॥ 12.18

tulyanindāstutir maunī, santuṣṭo yena kenacit ।
aniketas sthiramatiḥ, bhaktimān me priyo naraḥ ॥ 12.19

ye tu dharmyāmṛtam idam, yathoktaṁ paryupāsate ।
śraddadhānā matparamāḥ, bhaktās te'tīva me priyāḥ ॥ 12.20

oṁ tat sat ।
iti śrīmadbhagavadgītāsu upaniṣatsu brahmavidyāyāṁ yogaśāstre śrīkṛṣṇārjunasaṁvāde bhakti-yogo nāma dvādaśo'dhyāyaḥ ॥ 12 ॥

oṁ śrī paramātmane namaḥ ।

13 atha trayodaśo'dhyāyaḥ

Some editions of the Gita have this extra verse.

arjuna uvāca

prakṛtiṁ puruṣaṁ caiva , kṣetraṁ kṣetrajñam eva ca ।
etad veditum icchāmi , jñānaṁ jñeyaṁ ca keśava ॥

This changes the count of verses in the Gita from 700 to 701.

śrī bhagavān uvāca

idaṁ śarīraṁ kaunteya , kṣetram ityabhidhīyate ।
etad yo vetti taṁ prāhuḥ , kṣetrajña iti tadvidaḥ ॥ 13.1

kṣetrajñaṁ cāpi māṁ viddhi , sarvakṣetreṣu bhārata ।
kṣetrakṣetrajñayor jñānam , yat tajjñānaṁ mataṁ mama ॥ 13.2

tat kṣetraṁ yacca yādṛk ca , yadvikāri yataśca yat ।
sa ca yo yatprabhāvaś ca , tat samāsena me śṛṇu ॥ 13.3

ṛṣibhir bahudhā gītam , chandobhir vividhai× pṛthak ।
brahmasūtrapadaiś caiva , hetumadbhir viniścitaiḥ ॥ 13.4

mahābhūtānyahaṅkāraḥ , buddhir avyaktam eva ca ।
indriyāṇi daśaikaṁ ca , pañca cendriyagocarāḥ ॥ 13.5

icchā dveṣas sukhaṁ duḥkham , saṅghātaś cetanā dhṛtiḥ ।
etat kṣetraṁ samāsena , savikāram udāhṛtam ॥ 13.6

amānitvam adambhitvam , ahiṁsā kṣāntir ārjavam ।
ācāryopāsanaṁ śaucam , sthairyam ātmavinigrahaḥ ॥ 13.7

indriyārtheṣu vairāgyam , anahaṅkāra eva ca ।
janma-mṛtyu-jarā-vyādhi-duḥkha-doṣānudarśanam ॥ 13.8

asaktir anabhiṣvaṅgaḥ , putradāragṛhādiṣu ।
nityaṁ ca samacittatvam , iṣṭāniṣṭopapattiṣu ॥ 13.9

mayi cānanyayogena , bhaktir avyabhicāriṇī ।
viviktadeśasevitvam , aratir janasaṁsadi ॥ 13.10

adhyātmajñānanityatvam , tattvajñānārthadarśanam ।
etajjñānam iti proktam , ajñānaṁ yadato'nyathā ॥ 13.11

jñeyaṁ yat tat pravakṣyāmi , yajjñātvāmṛtam aśnute ।
anādimat paraṁ brahma , na sat tannāsad ucyate ॥ 13.12

sarvata× pāṇipādaṁ tat , sarvato'kṣiśiromukham ।
sarvataḥ śrutimalloke , sarvam āvṛtya tiṣṭhati ॥ 13.13

sarvendriyaguṇābhāsam , sarvendriyavivarjitam ।
asaktaṁ sarvabhṛccaiva , nirguṇaṁ guṇabhoktṛ ca ॥ 13.14

bahir antaśca bhūtānām , acaraṁ caram eva ca ।
sūkṣmatvāt tad avijñeyam , dūrasthaṁ cāntike ca tat ॥ 13.15

avibhaktaṁ ca bhūteṣu , vibhaktam iva ca sthitam ।
bhūtabhartṛ ca tajjñeyam , grasiṣṇu prabhaviṣṇu ca ॥ 13.16

jyotiṣām api tajjyotiḥ , tamasa× param ucyate ।
jñānaṁ jñeyaṁ jñānagamyam , hṛdi sarvasya viṣṭhitam ॥ 13.17

iti kṣetraṁ tathā jñānam , jñeyaṁ coktaṁ samāsataḥ ।
madbhakta etad vijñāya , madbhāvāyopapadyate ॥ 13.18

prakṛtiṁ puruṣaṁ caiva , viddhyanādī ubhāvapi ।
vikārāṁśca guṇāṁś caiva , viddhi prakṛtisambhavān ॥ 13.19

kāryakaraṇakartṛtve , hetu× prakṛtir ucyate । (kāryakāraṇakartṛtve)
puruṣas sukhaduḥkhānām , bhoktṛtve hetur ucyate ॥ 13.20

puruṣa× prakṛtistho hi , bhuṅkte prakṛtijān guṇān ।
kāraṇaṁ guṇasaṅgo'sya , sadasadyonijanmasu ॥ 13.21

upadraṣṭānumantā ca , bhartā bhoktā maheśvaraḥ ।
paramātmeti cāpyuktaḥ , dehe'smin puruṣa× paraḥ ॥ 13.22

ya evaṁ vetti puruṣam , prakṛtiṁ ca guṇaiḥ saha ।
sarvathā vartamāno'pi , na sa bhūyo'bhijāyate ॥ 13.23

dhyānenātmani paśyanti , kecid ātmānamātmanā ।
anye sāṅkhyena yogena , karmayogena cāpare ॥ 13.24

anye tvevam ajānantaḥ , śrutvānyebhya upāsate ।
te'pi cātitarantyeva , mṛtyuṁ śrutiparāyaṇāḥ ॥ 13.25

yāvat sañjāyate kiñcit , sattvaṁ sthāvarajaṅgamam ।
kṣetrakṣetrajñasaṁyogāt , tad viddhi bharatarṣabha ॥ 13.26

samaṁ sarveṣu bhūteṣu , tiṣṭhantaṁ parameśvaram ।
vinaśyatsvavinaśyantam , ya× paśyati sa paśyati ॥ 13.27

samaṁ paśyan hi sarvatra , samavasthitam īśvaram ।
na hinastyātmanātmānam , tato yāti parāṁ gatim ॥ 13.28

prakṛtyaiva ca karmāṇi , kriyamāṇāni sarvaśaḥ ।
ya× paśyati tathā''tmānam , akartāraṁ sa paśyati ॥ 13.29

yadā bhūtapṛthagbhāvam , ekastham anupaśyati ।
tata eva ca vistāram , brahma sampadyate tadā ॥ 13.30

anāditvānnirguṇatvāt , paramātmā ayam avyayaḥ ।
śarīrastho'pi kaunteya , na karoti na lipyate ॥ 13.31

yathā sarvagataṁ saukṣmyāt , ākāśaṁ nopalipyate ।
sarvatrāvasthito dehe , tathā''tmā nopalipyate ॥ 13.32

yathā prakāśayatyekaḥ , kṛtsnaṁ lokam imaṁ raviḥ ।
kṣetraṁ kṣetrī tathā kṛtsnam , prakāśayati bhārata ॥ 13.33

kṣetrakṣetrajñayor evam , antaraṁ jñānacakṣuṣā ।
bhūtaprakṛtimokṣaṁ ca , ye vidur yānti te param ॥ 13.34

oṁ tat sat ।

iti śrīmadbhagavadgītāsu upaniṣatsu brahmavidyāyāṁ yogaśāstre śrīkṛṣṇārjunasaṁvāde kṣetra-kṣetrajña-vibhāga-yogo nāma trayodaśo'dhyāyaḥ ॥ 13 ॥

oṁ śrī paramātmane namaḥ ।

14 atha caturdaśo'dhyāyaḥ

śrī bhagavān uvāca

paraṁ bhūya× pravakṣyāmi , jñānānāṁ jñānam uttamam ।
yajjñātvā munayas sarve , parāṁ siddhim ito gatāḥ ॥ 14.1

idaṁ jñānam upāśritya , mama sādharmyam āgatāḥ ।
sarge'pi nopajāyante , pralaye na vyathanti ca ॥ 14.2

mama yonir mahad brahma , tasmin garbhaṁ dadhāmyaham ।
sambhavas sarvabhūtānām , tato bhavati bhārata ॥ 14.3

sarvayoniṣu kaunteya , mūrtayas sambhavanti yāḥ ।
tāsāṁ brahma mahad yoniḥ , ahaṁ bījaprada× pitā ॥ 14.4

sattvaṁ rajas tama iti , guṇā× prakṛtisambhavāḥ ।
nibadhnanti mahābāho , dehe dehinam avyayam ॥ 14.5

tatra sattvaṁ nirmalatvāt , prakāśakam anāmayam ।
sukhasaṅgena badhnāti , jñānasaṅgena cānagha ॥ 14.6

rajo rāgātmakaṁ viddhi , tṛṣṇāsaṅgasamudbhavam ।
tannibadhnāti kaunteya , karmasaṅgena dehinam ॥ 14.7

tamas tvajñānajaṁ viddhi , mohanaṁ sarvadehinām ।
pramādālasyanidrābhiḥ , tannibadhnāti bhārata ॥ 14.8

sattvaṁ sukhe sañjayati , raja× karmaṇi bhārata ।
jñānam āvṛtya tu tamaḥ , pramāde sañjayatyuta ॥ 14.9

rajas tamaś cābhibhūya , sattvaṁ bhavati bhārata ।
rajas sattvaṁ tamaś caiva , tamas sattvaṁ rajas tathā ॥ 14.10

sarvadvāreṣu dehe'smin , prakāśa upajāyate ।
jñānaṁ yadā tadā vidyāt , vivr̥ddhaṁ sattvam ityuta ॥ 14.11

lobha× pravr̥ttirārambhaḥ , karmaṇām aśamas spr̥hā ।
rajasyetāni jāyante , vivr̥ddhe bharatarṣabha ॥ 14.12

aprakāśo'pravr̥ttiśca , pramādo moha eva ca ।
tamasyetāni jāyante , vivr̥ddhe kurunandana ॥ 14.13

yadā sattve pravr̥ddhe tu , pralayaṁ yāti dehabhr̥t ।
tadottamavidāṁ lokān , amalān pratipadyate ॥ 14.14

rajasi pralayaṁ gatvā , karmasaṅgiṣu jāyate ।
tathā pralīnas tamasi , mūḍhayoniṣu jāyate ॥ 14.15

karmaṇas sukr̥tasyāhuḥ , sāttavikaṁ nirmalaṁ phalam ।
rajasas tu phalaṁ duḥkham , ajñānaṁ tamasa× phalam ॥ 14.16

sattvāt sañjāyate jñānam , rajaso lobha eva ca ।
pramādamohau tamasaḥ , bhavato'jñānam eva ca ॥ 14.17

ūrdhvaṁ gacchanti sattvasthāḥ , madhye tiṣṭhanti rājasāḥ ।
jaghanyaguṇavr̥ttisthāḥ , adho gacchanti tāmasāḥ ॥ 14.18

nānyaṁ guṇebhya× kartāram , yadā draṣṭā anupaśyati ।
guṇebhyaśca paraṁ vetti , madbhāvaṁ so'dhigacchati ॥ 14.19

guṇān etān atītya trīn , dehī dehasamudbhavān ।
janmamṛtyujarāduḥkhaiḥ , vimukto'mṛtam aśnute ॥ 14.20

arjuna uvāca

kair liṅgais trīn guṇān etān , atīto bhavati prabho ।
kimācāra× kathaṁ caitān , trīn guṇān ativartate ॥ 14.21

śrī bhagavān uvāca

prakāśaṁ ca pravṛttiṁ ca , moham eva ca pāṇḍava ।
na dveṣṭi sampravṛttāni , na nivṛttāni kāṅkṣati ॥ 14.22

udāsīnavadāsīnaḥ , guṇair yo na vicālyate ।
guṇā vartanta ityeva , yo'vatiṣṭhati neṅgate ॥ 14.23

samaduḥkhasukhas svasthaḥ , samaloṣṭāśmakāñcanaḥ ।
tulyapriyāpriyo dhīraḥ , tulyanindātmasaṁstutiḥ ॥ 14.24

mānāpamānayos tulyaḥ , tulyo mitrāripakṣayoḥ ।
sarvārambhaparityāgī , guṇātītas sa ucyate ॥ 14.25

māṁ ca yo'vyabhicāreṇa , bhaktiyogena sevate ।
sa guṇān samatītyaitān , brahmabhūyāya kalpate ॥ 14.26

brahmaṇo hi pratiṣṭhāham , amṛtasyāvyayasya ca ।
śāśvatasya ca dharmasya , sukhasyaikāntikasya ca ॥ 14.27

oṁ tat sat ।

iti śrīmadbhagavadgītāsu upaniṣatsu brahmavidyāyāṁ yogaśāstre śrīkṛṣṇārjunasaṁvāde guṇa-traya-vibhāga-yogo nāma caturdaśo'dhyāyaḥ ॥ 14 ॥

oṁ śrī paramātmane namaḥ ।

15 atha pañcadaśo'dhyāyaḥ

śrī bhagavān uvāca

ūrdhvamūlam adhaḥśākham , aśvatthaṁ prāhur avyayam ।
chandāṁsi yasya parṇāni , yastaṁ veda sa vedavit ॥ 15.1

adhaś cordhvaṁ prasṛtās tasya śākhāḥ , guṇapravṛddhā viṣayapravālāḥ ।
adhaśca mūlānyanusantatāni , karmānubandhīni manuṣyaloke ॥ 15.2

na rūpamasyeha tathopalabhyate , nānto na cādir na ca sampratiṣṭhā ।
aśvatthamenaṁ suvirūḍhamūlam , asaṅgaśastreṇa dṛḍhena chittvā ॥15.3
(chitvā)

tata× padaṁ tat parimārgitavyam , yasmin gatā na nivartanti bhūyaḥ ।
tameva cādyaṁ puruṣaṁ prapadye , yata× pravṛtti× prasṛtā purāṇī ॥15.4

nirmānamohā jitasaṅgadoṣāḥ , adhyātmanityā vinivṛttakāmāḥ ।
dvandvair vimuktās sukhaduḥkhasañjñaiḥ , gacchantyamūḍhā× padam
avyayaṁ tat ॥ 15.5

na tadbhāsayate sūryaḥ , na śaśāṅko na pāvakaḥ ।
yadgatvā na nivartante , taddhāma paramaṁ mama ॥ 15.6

mamaivāṁśo jīvaloke , jīvabhūtas sanātanaḥ ।
manaḥṣaṣṭhāni indriyāṇi , prakṛtisthāni karṣati ॥ 15.7

śarīraṁ yadavāpnoti , yaccāpyutkrāmatīśvaraḥ ।
gṛhītvaitāni saṁyāti , vāyur gandhānivāśayāt ॥ 15.8

śrotraṁ cakṣus sparśanaṁ ca , rasanaṁ ghrāṇam eva ca ।
adhiṣṭhāya manaś cāyam , viṣayān upasevate ॥ 15.9

utkrāmantaṁ sthitaṁ vāpi , bhuñjānaṁ vā guṇānvitam ।
vimūḍhā nānupaśyanti , paśyanti jñānacakṣuṣaḥ ॥ 15.10

yatanto yoginaś cainam , paśyantyātmanyavasthitam ।
yatanto'pyakr̥tātmānaḥ , nainaṁ paśyantyacetasaḥ ॥ 15.11

yadādityagataṁ tejaḥ , jagadbhāsayate'khilam ।
yaccandramasi yaccāgnau , tat tejo viddhi māmakam ॥ 15.12

gāmāviśya ca bhūtāni , dhārayāmyahamojasā ।
puṣṇāmi cauṣadhīs sarvāḥ , somo bhūtvā rasātmakaḥ ॥ 15.13

ahaṁ vaiśvānaro bhūtvā , prāṇināṁ deham āśritaḥ ।
prāṇāpānasamāyuktaḥ , pacāmyannaṁ caturvidham ॥ 15.14

sarvasya cāhaṁ hr̥di sanniviṣṭaḥ , mattas smr̥tir jñānam apohanaṁ ca ।
vedaiśca sarvair ahameva vedyaḥ , vedāntakr̥d vedavideva cāham ॥15.15

dvāvimau puruṣau loke , kṣaraś cākṣara eva ca ।
kṣaras sarvāṇi bhūtāni , kūṭastho'kṣara ucyate ॥ 15.16

uttama× puruṣas tvanyaḥ , paramātmetyudāhr̥taḥ ।
yo lokatrayamāviśya , bibhartyavyaya īśvaraḥ ॥ 15.17

yasmāt kṣaram atīto'ham , akṣarād api cottamaḥ ।
ato'smi loke vede ca , prathita× puruṣottamaḥ ॥ 15.18

yo mām evam asammūḍhaḥ , jānāti puruṣottamam ।
sa sarvavidbhajati mām , sarvabhāvena bhārata ॥ 15.19

iti guhyatamaṁ śāstram , idam uktaṁ mayānagha ।
etadbuddhvā buddhimān syāt , kr̥takr̥tyaś ca bhārata ॥ 15.20

oṁ tat sat ।

iti śrīmadbhagavadgītāsu upaniṣatsu brahmavidyāyāṁ yogaśāstre śrīkr̥ṣṇārjunasaṁvāde puruṣottama-yogo nāma pañcadaśo'dhyāyaḥ ॥ 15 ॥

oṁ śrī paramātmane namaḥ ।

16 atha ṣoḍaśo'dhyāyaḥ

śrī bhagavān uvāca

abhayaṁ sattvasaṁśuddhiḥ , jñānayogavyavasthitiḥ ।
dānaṁ damaśca yajñaśca , svādhyāyas tapa ārjavam ॥ 16.1

ahiṁsā satyam akrodhaḥ , tyāgaś śāntir apaiśunam ।
dayā bhūteṣvaloluptvam , mārdavaṁ hrīr acāpalam ॥ 16.2

tejaḥ kṣamā dhṛtiś śaucam , adroho nātimānitā ।
bhavanti sampadaṁ daivīm , abhijātasya bhārata ॥ 16.3

dambho darpo'bhimānaśca , krodhaẖ pāruṣyam eva ca ।
ajñānaṁ cābhijātasya , pārtha sampadam āsurīm ॥ 16.4

daivī sampad vimokṣāya , nibandhāyāsurī matā ।
mā śucas sampadaṁ daivīm , abhijāto'si pāṇḍava ॥ 16.5

dvau bhūtasargau loke'smin , daiva āsura eva ca ।
daivo vistaraśaẖ proktaḥ , āsuraṁ pārtha me śṛṇu ॥ 16.6

pravṛttiṁ ca nivṛttiṁ ca , janā na vidur āsurāḥ ।
na śaucaṁ nāpi cācāraḥ , na satyaṁ teṣu vidyate ॥ 16.7

asatyam apratiṣṭhaṁ te , jagadāhur anīśvaram ।
aparasparasambhūtam , kim anyat kāmahaitukam ॥ 16.8

etāṁ dṛṣṭim avaṣṭabhya , naṣṭātmāno'lpabuddhayaḥ ।
prabhavantyugrakarmāṇaḥ , kṣayāya jagato'hitāḥ ॥ 16.9

kāmam āśritya duṣpūram , dambhamānamadānvitāḥ ।
mohādgṛhītvāsadgrāhān , pravartante'śucivratāḥ ॥ 16.10

cintām aparimeyāṁ ca , pralayāntām upāśritāḥ ।
kāmopabhogaparamāḥ , etāvad iti niścitāḥ ॥ 16.11

āśāpāśaśatair baddhāḥ , kāmakrodhaparāyaṇāḥ ।
īhante kāmabhogārtham , anyāyenārthasañcayān ॥ 16.12

idam adya mayā labdham , imaṁ prāpsye manoratham ।
idam astīdam api me , bhaviṣyati punar dhanam ॥ 16.13

asau mayā hataś śatruḥ , haniṣye cāparān api ।
īśvaro'ham ahaṁ bhogī , siddho'haṁ balavān sukhī ॥ 16.14

āḍhyo'bhijanavān asmi , ko'nyo'sti sadṛśo mayā ।
yakṣye dāsyāmi modiṣye , ityajñānavimohitāḥ ॥ 16.15

anekacittavibhrāntāḥ , mohajālasamāvṛtāḥ ।
prasaktā× kāmabhogeṣu , patanti narake'śucau ॥ 16.16

ātmasambhāvitās stabdhāḥ , dhanamānamadānvitāḥ ।
yajante nāmayajñais te , dambhenāvidhipūrvakam ॥ 16.17

ahaṅkāraṁ balaṁ darpam , kāmaṁ krodhaṁ ca saṁśritāḥ ।
mām ātmaparadeheṣu , pradviṣanto'bhyasūyakāḥ ॥ 16.18

tān ahaṁ dviṣata× krūrān , saṁsāreṣu narādhamān ।
kṣipāmyajasram aśubhān , āsurīṣveva yoniṣu ॥ 16.19

āsurīṁ yonimāpannāḥ , mūḍhā janmani janmani I
mām aprāpyaiva kaunteya , tato yāntyadhamāṁ gatim II 16.20

trividhaṁ narakasyedam , dvāraṁ nāśanam ātmanaḥ I
kāma× krodhas tathā lobhaḥ , tasmād etat trayaṁ tyajet II 16. 21

etair vimukta× kaunteya , tamodvārais tribhir naraḥ I
ācaratyātmanaḥ śreyaḥ , tato yāti parāṁ gatim II 16.22

yaś śāstravidhim utsṛjya , vartate kāmakārataḥ I
na sa siddhim avāpnoti , na sukhaṁ na parāṁ gatim II 16.23

tasmācchāstraṁ pramāṇaṁ te , kāryākāryavyavasthitau I
jñātvā śāstravidhānoktam , karma kartum ihārhasi II 16.24

oṁ tat sat I

iti śrīmadbhagavadgītāsu upaniṣatsu brahmavidyāyāṁ yogaśāstre śrīkṛṣṇārjunasaṁvāde daivāsura-sampad-vibhāga-yogo nāma ṣoḍaśo'dhyāyaḥ II 16 II

oṁ śrī paramātmane namaḥ ।

17 atha saptadaśo'dhyāyaḥ

arjuna uvāca

ye śāstravidhim utsṛjya , yajante śraddhayānvitāḥ ।
teṣāṁ niṣṭhā tu kā kṛṣṇa , sattvam āho rajas tamaḥ ॥ 17.1

śrī bhagavān uvāca

trividhā bhavati śraddhā , dehināṁ sā svabhāvajā ।
sāttvikī rājasī caiva , tāmasī ceti tāṁ śṛṇu ॥ 17.2

sattvānurūpā sarvasya , śraddhā bhavati bhārata ।
śraddhāmayo'yaṁ puruṣaḥ , yo yacchraddhas sa eva saḥ ॥ 17.3

yajante sāttvikā devān , yakṣarakṣāṁsi rājasāḥ ।
pretān bhūtagaṇāṁścānye , yajante tāmasā janāḥ ॥ 17.4

aśāstravihitaṁ ghoram , tapyante ye tapo janāḥ ।
dambhāhaṅkārasaṁyuktāḥ , kāmarāgabalānvitāḥ ॥ 17.5

karśayantaś śarīrastham , bhūtagrāmam acetasaḥ ।
māṁ caivāntaḥśarīrastham , tān viddhyāsuraniścayān ॥ 17.6

āhāras tvapi sarvasya , trividho bhavati priyaḥ ।
yajñas tapas tathā dānam , teṣāṁ bhedam imaṁ śṛṇu ॥ 17.7

āyuḥsattvabalārogya-sukhaprītivivardhanāḥ ।
rasyās snigdhās sthirā hṛdyāḥ , āhārās sāttvikapriyāḥ ॥ 17.8

kaṭvamlalavaṇātyuṣṇa-tīkṣṇarūkṣavidāhinaḥ ।
āhārā rājasasyeṣṭāḥ , duḥkhaśokāmayapradāḥ ॥ 17.9

yātayāmaṁ gatarasam , pūti paryuṣitaṁ ca yat ।
ucchiṣṭam api cāmedhyam , bhojanaṁ tāmasapriyam ॥ 17.10

aphalākāṅkṣibhir yajñaḥ , vidhidr̥ṣṭo ya ijyate ।
yaṣṭavyam eveti manaḥ , samādhāya sa sāttvikaḥ ॥ 17.11

abhisandhāya tu phalam , dambhārtham api caiva yat ।
ijyate bharataśreṣṭha , taṁ yajñaṁ viddhi rājasam ॥ 17.12

vidhihīnam asr̥ṣṭānnam , mantrahīnam adakṣiṇam ।
śraddhāvirahitaṁ yajñam , tāmasaṁ paricakṣate ॥ 17.13

devadvijaguruprājña-pūjanaṁ śaucam ārjavam ।
brahmacaryam ahiṁsā ca , śārīraṁ tapa ucyate ॥ 17.14

anudvegakaraṁ vākyam , satyaṁ priyahitaṁ ca yat ।
svādhyāyābhyasanaṁ caiva , vāṅmayaṁ tapa ucyate ॥ 17.15

mana× prasādas saumyatvam , maunam ātmavinigrahaḥ ।
bhāvasaṁśuddhir ityetat , tapo mānasam ucyate ॥ 17.16

śraddhayā parayā taptam , tapas tat trividhaṁ naraiḥ ।
aphalākāṅkṣibhir yuktaiḥ , sāttvikaṁ paricakṣate ॥ 17.17

satkāramānapūjārtham , tapo dambhena caiva yat ।
kriyate tad iha proktam , rājasaṁ calam adhruvam ॥ 17.18

mūḍhagrāheṇātmano yat , pīḍayā kriyate tapaḥ ।
parasyotsādanārthaṁ vā , tat tāmasam udāhr̥tam ॥ 17.19

dātavyam iti yad dānam , dīyate'nupakāriṇe ।
deśe kāle ca pātre ca , tad dānaṁ sāttvikaṁ smr̥tam ॥ 17.20

yat tu pratyupakārārtham , phalam uddiśya vā punaḥ ।
dīyate ca parikliṣṭam , tad dānaṁ rājasaṁ smr̥tam ॥ 17.21

adeśakāle yad dānam , apātrebhyaśca dīyate ।
asatkr̥tam avajñātam , tat tāmasam udāhr̥tam ॥ 17.22

oṁ tat sad iti nirdeśaḥ , brahmaṇas trividhas smr̥taḥ ।
brāhmaṇās tena vedāśca , yajñāśca vihitā× purā ॥ 17.23

tasmād oṁ ityudāhr̥tya , yajñadānatapaḥkriyāḥ ।
pravartante vidhānoktāḥ , satataṁ brahmavādinām ॥ 17.24

tad ityanabhisandhāya , phalaṁ yajñatapaḥkriyāḥ ।
dānakriyāśca vividhāḥ , kriyante mokṣakāṅkṣibhiḥ ॥ 17.25

sadbhāve sādhubhāve ca , sad ityetat prayujyate ।
praśaste karmaṇi tathā , sacchabda× pārtha yujyate ॥ 17.26

yajñe tapasi dāne ca , sthitis saditi cocyate ।
karma caiva tadarthīyam , sad ityevābhidhīyate ॥ 17.27

aśraddhayā hutaṁ dattam , tapas taptaṁ kr̥taṁ ca yat ।
asadityucyate pārtha , na ca tat pretya no iha ॥ 17.28

oṁ tat sat । iti śrīmadbhagavadgītāsu upaniṣatsu brahmavidyāyāṁ yogaśāstre śrīkṛṣṇārjunasaṁvāde śraddhā-traya-vibhāga-yogo nāma saptadaśo'dhyāyaḥ ॥ 17 ॥

oṁ śrī paramātmane namaḥ ।

18 atha aṣṭādaśo'dhyāyaḥ

arjuna uvāca

sannyāsasya mahābāho , tattvam icchāmi veditum ।
tyāgasya ca hr̥ṣīkeśa , pr̥thak keśiniṣūdana ॥ 18.1

śrī bhagavān uvāca

kāmyānāṁ karmaṇāṁ nyāsam , sannyāsaṁ kavayo viduḥ ।
sarvakarmaphalatyāgam , prāhus tyāgaṁ vicakṣaṇāḥ ॥ 18.2

tyājyaṁ doṣavadityeke , karma prāhur manīṣiṇaḥ ।
yajñadānatapaᳵkarma , na tyājyam iti cāpare ॥ 18.3

niścayaṁ śr̥ṇu me tatra , tyāge bharatasattama ।
tyāgo hi puruṣavyāghra , trividhas samprakīrtitaḥ ॥ 18.4

yajñadānatapaᳵkarma , na tyājyaṁ kāryameva tat ।
yajño dānaṁ tapaścaiva , pāvanāni manīṣiṇām ॥ 18.5

etānyapi tu karmāṇi , saṅgaṁ tyaktvā phalāni ca ।
kartavyānīti me pārtha , niścitaṁ matam uttamam ॥ 18.6

niyatasya tu sannyāsaḥ , karmaṇo nopapadyate ।
mohāt tasya parityāgaḥ , tāmasaᳵ parikīrtitaḥ ॥ 18.7

duḥkham ityeva yat karma , kāyakleśabhayāt tyajet ।
sa kr̥tvā rājasaṁ tyāgam , naiva tyāgaphalaṁ labhet ॥ 18.8

kāryam ityeva yat karma , niyataṁ kriyate'rjuna ।
saṅgaṁ tyaktvā phalaṁ caiva , sa tyāgas sāttviko mataḥ ॥ 18.9

na dveṣṭyakuśalaṁ karma , kuśale nānuṣajjate ।
tyāgī sattvasamāviṣṭaḥ , medhāvī chinnasaṁśayaḥ ॥ 18.10

na hi dehabhṛtā śakyam , tyaktuṁ karmāṇyaśeṣataḥ ।
yastu karmaphalatyāgī , sa tyāgītyabhidhīyate ॥ 18.11

aniṣṭam iṣṭaṁ miśraṁ ca , trividhaṁ karmaṇa× phalam ।
bhavatyatyāginām̐ pretya , na tu sannyāsināṁ kvacit ॥ 18.12

pañcaitāni mahābāho , kāraṇāni nibodha me ।
sāṅkhye kṛtānte proktāni , siddhaye sarvakarmaṇām ॥ 18.13

adhiṣṭhānaṁ tathā kartā , karaṇaṁ ca pṛthagvidham ।
vividhāśca pṛthak ceṣṭāḥ , daivaṁ caivātra pañcamam ॥ 18.14

śarīravāṅmanobhir yat , karma prārabhate naraḥ ।
nyāyyaṁ vā viparītaṁ vā , pañcaite tasya hetavaḥ ॥ 18.15

tatraivaṁ sati kartāram , ātmānaṁ kevalaṁ tu yaḥ ।
paśyatyakṛtabuddhitvāt , na sa paśyati durmatiḥ ॥ 18.16

yasya nāhaṅkṛto bhāvaḥ , buddhir yasya na lipyate ।
hatvāpi sa imām̐llokān , na hanti na nibadhyate ॥ 18.17

jñānaṁ jñeyaṁ parijñātā , trividhā karmacodanā ।
karaṇaṁ karma karteti , trividha× karmasaṅgrahaḥ ॥ 18.18

jñānaṁ karma ca kartā ca , tridhaiva guṇabhedataḥ ।
procyate guṇasaṅkhyāne , yathāvacchr̥ṇu tānyapi ॥ 18.19

sarvabhūteṣu yenaikam , bhāvam avyayam īkṣate ।
avibhaktaṁ vibhakteṣu , tajjñānaṁ viddhi sāttvikam ॥ 18.20

pr̥thaktvena tu yajjñānam , nānābhāvān pr̥thagvidhān ।
vetti sarveṣu bhūteṣu , tajjñānaṁ viddhi rājasam ॥ 18.21

yat tu kr̥tsnavadekasmin , kārye saktam ahaitukam ।
atattvārthavadalpaṁ ca , tat tāmasam udāhr̥tam ॥ 18.22

niyataṁ saṅgarahitam , arāgadveṣata× kr̥tam ।
aphalaprepsunā karma , yat tat sāttvikam ucyate ॥ 18.23

yat tu kāmepsunā karma , sāhaṅkāreṇa vā punaḥ ।
kriyate bahulāyāsam , tad rājasam udāhr̥tam ॥ 18.24

anubandhaṁ kṣayaṁ hiṁsām , anavekṣya ca pauruṣam । (anapekṣya)
mohād ārabhyate karma , yat tat tāmasam ucyate ॥ 18.25

muktasaṅgo'nahaṁvādī , dhr̥tyutsāhasamanvitaḥ ।
siddhyasiddhyor nirvikāraḥ , kartā sāttvika ucyate ॥ 18.26

rāgī karmaphalaprepsuḥ , lubdho hiṁsātmako'śuciḥ ।
harṣaśokānvita× kartā , rājasa× parikīrtitaḥ ॥ 18.27

ayukta× prākr̥tas stabdhaḥ , śaṭho naiṣkr̥tiko'lasaḥ ।
viṣādī dīrghasūtrī ca , kartā tāmasa ucyate ॥ 18.28

buddher bhedaṁ dhr̥teś caiva , guṇatas trividhaṁ śr̥ṇu ।
procyamānam aśeṣeṇa , pr̥thaktvena dhanañjaya ॥ 18.29

pravr̥ttiṁ ca nivr̥ttiṁ ca , kāryākārye bhayābhaye ।
bandhaṁ mokṣaṁ ca yā vetti , buddhis sā pārtha sāttvikī ॥ 18.30

yayā dharmam adharmaṁ ca , kāryaṁ cākāryameva ca ।
ayathāvat prajānāti , buddhis sā pārtha rājasī ॥ 18.31

adharmaṁ dharmam iti yā , manyate tamasāvr̥tā ।
sarvārthān viparītāṁśca , buddhis sā pārtha tāmasī ॥ 18.32

dhr̥tyā yayā dhārayate , manaḥprāṇendriyakriyāḥ ।
yogenāvyabhicāriṇyā , dhr̥tis sā pārtha sāttvikī ॥ 18.33

yayā tu dharmakāmārthān , dhr̥tyā dhārayate'rjuna ।
prasaṅgena phalākāṅkṣī , dhr̥tis sā pārtha rājasī ॥ 18.34

yayā svapnaṁ bhayaṁ śokam , viṣādaṁ madam eva ca ।
na vimuñcati durmedhāḥ , dhr̥tis sā pārtha tāmasī ॥ 18.35

sukhaṁ tvidānīṁ trividham , śr̥ṇu me bharatarṣabha ।
abhyāsād ramate yatra , duḥkhāntaṁ ca nigacchati ॥ 18.36

yat tad agre viṣam iva , pariṇāme'mr̥topamam ।
tat sukhaṁ sāttvikaṁ proktam , ātmabuddhiprasādajam ॥ 18.37

viṣayendriyasaṁyogāt , yat tad agre'mr̥topamam ।
pariṇāme viṣam iva , tat sukhaṁ rājasaṁ smr̥tam ॥ 18.38

yad agre cānubandhe ca , sukhaṁ mohanam ātmanaḥ |
nidrālasyapramādottham , tat tāmasam udāhr̥tam || 18.39

na tad asti pr̥thivyāṁ vā , divi deveṣu vā punaḥ |
sattvaṁ prakr̥tijair muktam , yadebhis syāt tribhir guṇaiḥ || 18.40

brāhmaṇakṣatriyaviśām , śūdrāṇāṁ ca parantapa |
karmāṇi pravibhaktāni , svabhāvaprabhavair guṇaiḥ || 18.41

śamo damas tapaś śaucam , kṣāntir ārjavam eva ca |
jñānaṁ vijñānam āstikyam , brahmakarma svabhāvajam || 18.42

śauryaṁ tejo dhr̥tir dākṣyam , yuddhe cāpyapalāyanam |
dānam īśvarabhāvaś ca , kṣātraṁ karma svabhāvajam || 18.43

kr̥ṣigaurakṣyavāṇijyam , vaiśyakarma svabhāvajam |
paricaryātmakaṁ karma , śūdrasyāpi svabhāvajam || 18.44

sve sve karmaṇyabhirataḥ , saṁsiddhiṁ labhate naraḥ |
svakarmaniratas siddhim , yathā vindati tacchr̥ṇu || 18.45

yata× pravr̥ttir bhūtānām , yena sarvam idaṁ tatam |
svakarmaṇā tamabhyarcya , siddhiṁ vindati mānavaḥ || 18.46

śreyān svadharmo viguṇaḥ , paradharmāt svanuṣṭhitāt |
svabhāvaniyataṁ karma , kurvan nāpnoti kilbiṣam || 18.47

sahajaṁ karma kaunteya , sadoṣam api na tyajet |
sarvārambhā hi doṣeṇa , dhūmenāgnir ivāvr̥tāḥ || 18.48

asaktabuddhis sarvatra , jitātmā vigataspṛhaḥ ।
naiṣkarmyasiddhiṁ paramām , sannyāsenādhigacchati ॥ 18.49

siddhiṁ prāpto yathā brahma , tathā āpnoti nibodha me ।
samāsenaiva kaunteya , niṣṭhā jñānasya yā parā ॥ 18.50

buddhyā viśuddhayā yuktaḥ , dhṛtyātmānaṁ niyamya ca ।
śabdādīn viṣayāṁstyaktvā , rāgadveṣau vyudasya ca ॥ 18.51

viviktasevī laghvāśī , yatavākkāyamānasaḥ ।
dhyānayogaparo nityam , vairāgyaṁ samupāśritaḥ ॥ 18.52

ahaṅkāraṁ balaṁ darpam , kāmaṁ krodhaṁ parigraham ।
vimucya nirmamaś śāntaḥ , brahmabhūyāya kalpate ॥ 18.53

brahmabhūta× prasannātmā , na śocati na kāṅkṣati ।
samas sarveṣu bhūteṣu , madbhaktiṁ labhate parām ॥ 18.54

bhaktyā mām abhijānāti , yāvān yaś cāsmi tattvataḥ ।
tato māṁ tattvato jñātvā , viśate tad anantaram ॥ 18.55

sarvakarmāṇyapi sadā , kurvāṇo madvyapāśrayaḥ ।
matprasādād avāpnoti , śāśvataṁ padam avyayam ॥ 18.56

cetasā sarvakarmāṇi , mayi sannyasya matparaḥ ।
buddhiyogam upāśritya , maccittas satataṁ bhava ॥ 18.57

maccittas sarvadurgāṇi , matprasādāt tariṣyasi ।
atha cet tvam ahaṅkārāt , na śroṣyasi vinaṅkṣyasi ॥ 18.58

yad ahaṅkāram āśritya , na yotsya iti manyase ।
mithyaiṣa vyavasāyas te , prakr̥tis tvāṁ niyokṣyati ॥ 18.59

svabhāvajena kaunteya , nibaddhas svena karmaṇā ।
kartuṁ necchasi yanmohāt , kariṣyasyavaśo'pi tat ॥ 18.60

īśvaras sarvabhūtānām , hr̥ddeśe'rjuna tiṣṭhati ।
bhrāmayan sarvabhūtāni , yantrārūḍhāni māyayā ॥ 18.61

tameva śaraṇaṁ gaccha , sarvabhāvena bhārata ।
tatprasādāt parāṁ śāntim , sthānaṁ prāpsyasi śāśvatam ॥ 18.62

iti te jñānam ākhyātam , guhyād guhyataraṁ mayā ।
vimr̥śyaitad aśeṣeṇa , yathecchasi tathā kuru ॥ 18.63

sarvaguhyatamaṁ bhūyaḥ , śr̥ṇu me paramaṁ vacaḥ ।
iṣṭo'si me dr̥ḍham iti , tato vakṣyāmi te hitam ॥ 18.64

manmanā bhava madbhaktaḥ , madyājī māṁ namaskuru ।
māmevaiṣyasi satyaṁ te , pratijāne priyo'si me ॥ 18.65

sarvadharmān parityajya , mām ekaṁ śaraṇaṁ vraja ।
ahaṁ tvā sarvapāpebhyaḥ , mokṣayiṣyāmi mā śucaḥ ॥ 18.66

idaṁ te nātapaskāya , nābhaktāya kadācana ।
na cāśuśrūṣave vācyam , na ca māṁ yo'bhyasūyati ॥ 18.67

ya imaṁ paramaṁ guhyam , madbhakteṣvabhidhāsyati ।
bhaktiṁ mayi parāṁ kr̥tvā , māmevaiṣyatyasaṁśayaḥ ॥ 18.68

na ca tasmānmanuṣyeṣu , kaścinme priyakṛttamaḥ ।
bhavitā na ca me tasmāt , anya× priyataro bhuvi ॥ 18.69

adhyeṣyate ca ya imam , dharmyaṁ saṁvādamāvayoḥ ।
jñānayajñena tenāham , iṣṭas syām iti me matiḥ ॥ 18.70

śraddhāvān anasūyaś ca , śṛṇuyād api yo naraḥ ।
so'pi muktaś śubhāṁllokān , prāpnuyāt puṇyakarmaṇām ॥ 18.71

kaccid etacchrutaṁ pārtha , tvayaikāgreṇa cetasā ।
kaccid ajñānasammohaḥ , pranaṣṭas te dhanañjaya ॥ 18.72

arjuna uvāca

naṣṭo mohas smṛtir labdhā , tvatprasādān mayācyuta ।
sthito'smi gatasandehaḥ , kariṣye vacanaṁ tava ॥ 18.73

sañjaya uvāca

ityahaṁ vāsudevasya , pārthasya ca mahātmanaḥ ।
saṁvādam imam aśrauṣam , adbhutaṁ romaharṣaṇam ॥ 18.74

vyāsaprasādācchrutavān , etad guhyam ahaṁ param । (imaṁ guhyatamaṁ param)
yogaṁ yogeśvarāt kṛṣṇāt , sākṣāt kathayatas svayam ॥ 18.75

rājan saṁsmṛtya saṁsmṛtya , saṁvādam imam adbhutam ।
keśavārjunayo× puṇyam , hṛṣyāmi ca muhur muhuḥ ॥ 18.76

tacca saṁsmṛtya saṁsmṛtya , rūpam atyadbhutaṁ hareḥ ।
vismayo me mahān rājan , hṛṣyāmi ca puna× punaḥ ॥ 18.77

yatra yogeśvara× kṛṣṇaḥ ,   yatra pārtho dhanurdharaḥ ।
tatra śrīr vijayo bhūtiḥ ,   dhruvā nītir matir mama ॥ 18.78

oṁ tat sat । iti śrīmadbhagavadgītāsu upaniṣatsu brahmavidyāyāṁ yogaśāstre śrīkṛṣṇārjunasaṁvāde mokṣa-sannyāsa-yogo nāma aṣṭādaśo'dhyāyaḥ ॥ 18 ॥

Ending Prayer

gurur brahmā gurur viṣṇuḥ gurur devo maheśvaraḥ ।
gurus sākṣāt parabrahma tasmai śrīgurave namaḥ ॥

śrī gurubhyo namaḥ hariḥ oṁ ।
śrī kṛṣṇārpaṇamastu ॥

Appendices

The Devanagari Alphabet

अ आ इ ई उ ऊ ऋ ॠ ऌ ॡ   ए ऐ ओ औ   अं अः

क	ख	ग	घ	ङ	The Shiva Sounds
च	छ	ज	झ	ञ	
ट	ठ	ड	ढ	ण	The Brahma Sounds
त	थ	द	ध	न	
प	फ	ब	भ	म	The Vishnu Sounds
य र ल व		श ष स		ह	

Pronunciation of Sanskrit Letters

अ son आ father इ it ई beat उ full ऊ pool ऋ rhythm

ॠ marine ऌ revelry ॡ ए play ऐ aisle ओ go औ loud

अं Anusvara is pronounced as nasal म्

अः Visarga is Breath release like ह् and preceding vowel sound

क seeK	ख Khan	ग Get	घ loGHut	ङ sing
च Chunk	छ catchhim	ज Jump	झ heDGEhog	ञ bunch
ट True	ठ anTHill	ड Drum	ढ goDHead	ण under
त Tamil	थ Thunder	द That	ध breaTHE	न nut
प Put	फ Fruit	ब Bin	भ abhor	म much

य loYal र Red ल Luck व Vase श Sure ष Shun स So Hum ह

Conjunct – first utter the top letter and then the bottom one
e.g. Gita 10.16 तिष्ठसि -> ष् ठ , Gita 10.23 शङ्करश्चास्मि -> ङ् क

Famous conjuncts क्ष = क् ष , ज्ञ = ज् ञ , श्र = श् र

Shiksha Vedanga – Science of Pronunciation

In the Veda, an entire treatise is presented on the proper intonation, enunciation and phonetics.
e.g. refer Taittiriya Upanishad Shiksha Valli
शीक्षां व्याख्यास्यामः । वर्णः स्वरः । मात्रा बलम् । साम सन्तानः ।

इत्युक्तः शीक्षाध्यायः ॥ १.२ (Chapter 1 Anuvaka 2)

Place & Effort of Enunciation

Place of speech	Vowels स्वर		Class Consonants व्यञ्जन Alpaprana Mahaprana					Semi vowel	Sibilant
	Short	Long	1st	2nd	3rd	4th	5th		
कण्ठ	अ	आ	क	ख	ग	घ	ङ		
तालु	इ	ई	च	छ	ज	झ	ञ	य	श
मूर्धन्य	ऋ	ॠ	ट	ठ	ड	ढ	ण	र	ष
दन्त	ऌ		त	थ	द	ध	न	ल	स
ओष्ठ	उ	ऊ	प	फ	ब	भ	म		

कण्ठ – तालु	Diphthongs ए ऐ	नासिका Nasal	◌ं , अं	◌ँ , ॐ
कण्ठ – ओष्ठ	ओ औ	दन्त – ओष्ठ Semi vowel व		

कण्ठ Soft, Mahaprana	Visarga ◌ः , and ह are sounds of aspiration	
Ardha Visarga ◌ः is also written as ✕		
Base of tongue Hard, Alpaprana	ᳵ	Jihvamuliya pronounce as ह् (a visarga preceding क , ख)
ओष्ठ Hard, Alpaprana	ᳶ	Upadhmaniya pronounce as फ् (a visarga preceding प , फ)

Note – The 5th of class consonants, i.e. ङ ञ ण न म are pronounced from their respective places as given and also from the Nose, hence called Anunasika.

Gita Dhyanam

A simple means of praising the celestial beings associated with the Gita and thus motivating regular reading of the scripture.

ॐ पार्थाय प्रतिबोधितां भगवता नारायणेन स्वयम् ,
व्यासेन ग्रथितां पुराणमुनिना मध्येमहाभारतम् ।
अद्वैतामृतवर्षिणीं भगवतीम् अष्टादशाध्यायिनीम्
अम्ब त्वाम् अनुसन्दधामि भगवद्गीते भवद्वेषिणीम् ॥ १
नमोऽस्तु ते व्यास विशालबुद्धे , फुल्लारविन्दायतपत्रनेत्र ।
येन त्वया भारततैलपूर्णः , प्रज्वालितो ज्ञानमयः प्रदीपः ॥ २
प्रपन्नपारिजाताय तोत्रवेत्रैकपाणये । ज्ञानमुद्राय कृष्णाय गीतामृतदुहे नमः ॥ ३
सर्वोपनिषदो गावो दोग्धा गोपालनन्दनः ।पार्थो वत्सः सुधीर्भोक्ता दुग्धं गीतामृतं महत् ॥४
वसुदेवसुतं देवं कंसचाणूरमर्दनम् । देवकीपरमानन्दं कृष्णं वन्दे जगद्गुरुम् ॥ ५
भीष्मद्रोणतटा जयद्रथजला गान्धारनीलोत्पला शल्यग्राहवती कृपेण वहनी कर्णेन
वेलाकुला । अश्वत्थामविकर्णघोरमकरा दुर्योधनावर्त्तिनी सोत्तीर्णा खलु पाण्डवै रणनदी
कैवर्तकःकेशवः॥ ६
पाराशर्यवचः सरोजममलं गीतार्थगन्धोत्कटं नानाख्यानककेसरं हरिकथा
सम्बोधनाबोधितम् । लोके सज्जनषट्पदैरहरहः , पेपीयमानं मुदा भूयाद्भारतपङ्कजं
कलिमलप्रध्वंसि नः श्रेयसे ॥ ७
मूकं करोति वाचालं पङ्गुं लङ्घयते गिरिम् । यत्कृपा तमहं वन्दे परमानन्दमाधवम् ॥ ८
यं ब्रह्मा वरुणेन्द्ररुद्रमरुतः , स्तुन्वन्ति दिव्यैः स्तवैः वेदैः साङ्गपदक्रमोपनिषदैः , गायन्ति
यं सामगाः । ध्यानावस्थिततद्गतेन मनसा , पश्यन्ति यं योगिनः यस्यान्तं न विदुः
सुरासुरगणाः , देवाय तस्मै नमः ॥ ९ ॥

शान्ताकारं भुजगशयनं पद्मनाभं सुरेशम् , विश्वाधारं गगनसदृशं मेघवर्णं शुभाङ्गम् ।
लक्ष्मीकान्तं कमलनयनं योगिभिर् ध्यानगम्यम्, वन्दे विष्णुं भवभयहरं सर्वलोकैकनाथम्
॥

Gita Mahatmyam

Attributed to Adi Sankara circa 500 BC (Kanchi Math)

गीताशास्त्रम् इदं पुण्यं यः पठेत् प्रयतः पुमान् ।

विष्णोः पदमवाप्नोति भयशोकादिवर्जितः ॥ १ (भयशोकविवर्जितः)

गीताध्ययनशीलस्य प्राणायामपरस्य च । नैव सन्ति हि पापानि पूर्वजन्मकृतानि च ॥ २

मलनिर्मोचनं पुंसां जलस्नानं दिने दिने । सकृद् गीताम्भसि स्नानं संसारमलनाशनम् ॥ ३

गीता सुगीता कर्तव्या किमन्यैः शास्त्रविस्तरैः ।

या स्वयं पद्मनाभस्य मुखपद्माद्विनिःसृता ॥ ४

भारतामृतसर्वस्वं विष्णोर्वक्त्राद्विनिःसृतम् ।

गीतागङ्गोदकं पीत्वा पुनर्जन्म न विद्यते ॥ ५

सर्वोपनिषदो गावो दोग्धा गोपालनन्दनः ।

पार्थो वत्सः सुधीर्भोक्ता दुग्धं गीतामृतं महत् ॥ ६

एकं शास्त्रं देवकीपुत्रगीतमेको देवो देवकीपुत्र एव ।

एको मन्त्रस्तस्य नामानि यानि कर्माप्येकं तस्य देवस्य सेवा ॥७॥

Ending the Gita with shlokas that glorify and list the benefits is again a common practice in Bharata. The Varaha Purana also has a section on the glories of reciting the Gita, those verses are different.

Pardon Shlokas

आवाहनं न जानामि नैव जानामि पूजनम् । विसर्जनं न जानामि क्षमस्व परमेश्वर ॥

अन्यथा शरणं नास्ति त्वमेव शरणं मम । तस्मात्कारुण्यभावेन रक्ष रक्ष महेश्वर ॥

मन्त्रहीनं क्रियाहीनं भक्तिहीनं जनार्दन । यत्पूजितं मया देव परिपूर्णं तदस्तु ते ॥

The peoples of Bharata have this humility of asking for pardon in case of a mistake in chanting!

Somehow it connects one closer to the Lord.

Memorization Technique

The rishis of Bharata were scientists of a high order. They inculcated the practice of memorization and gave much importance to it.

In the modern era as well, we notice that the great performers in any field are those who maintain a degree of regularity and repetition in their work.

A simple and effective way to remember the verses is to chant one verse a few times.

Initially begin with any verse you are familiar with, and repeat it a few times. Then make a week or month plan of doing the same, with say 10 verses.

After attaining a degree of fluency, plan for a complete chapter of the Gita in the same manner. Since chapter 12 - Bhakti Yoga and chapter 15 - Purushottama Yoga, are relatively shorter with only twenty verses each, it may be a good idea to start with these.

Remember that our brain has an amazing capacity of retention and recall.

Even if we chant 2 verses a day only, the entire Gita can be completed with ease in a year!

Anushtup Chhanda

The Bhagavad Gita is written and sung in a definite metre known as the Anushtup Chhanda. अनुष्टुप् छन्दः ।

In fact out of 700 verses, 645 are anushtup, 10 are indravraja, 4 are upendravraja, 37 are upajati and 4 are viparitapurva chhanda. In the system of classification of tunes, the 8th tune is named Anushtup.

Valmiki rishi when he was on the point of writing the Ramayana, saw a poignant scene of two swans on a river bank, that evoked in him a prayer that came to be the starting of the epic. This prayer was also the first ever verse in anushtup chhanda. The Ramayana is written in this metre.

The rules of this chord are stated in this shloka -

द्वात्रिंशद् अक्षर-अनुष्टुप् , चत्वारः अष्ट-अक्षरा गणाः ।

श्लोके षष्ठं गुरु ज्ञेयं , सर्वत्र लघु पञ्चमम् ।

द्विचतुःपादयोर्ह्रस्वं सप्तमं , दीर्घम् अन्ययोः ॥

<u>Translation of this shloka</u>

This meter consists of 32 syllables in one verse, each verse contains 4 quarters (padas) of 8 syllables each ।

In each pada 6th syllable is dirgha दीर्घः, 5th syllable is laghu ह्रस्वः ।

In 2nd and 4th quarters, 7th syllable is laghu ह्रस्वः , in remaining it is dirgha दीर्घः (i.e. 7th syllable in 1st and 3rd quarters is दीर्घः) ॥

A Method of performing Puja

One recites the following shlokas in the beginning when doing an elaborate puja ritual using fruits and flowers with Gita chanting.

अथ करन्यासः

ॐ अस्य श्रीमद्भगवद्गीतामालामन्त्रस्य भगवान् वेदव्यास ऋषिः ।

अनुष्टुप् छन्दः । श्रीकृष्णः परमात्मा देवता ॥

अशोच्यानन्वशोचस्त्वं प्रज्ञावादांश्च भाषसे इति बीजम् ।

सर्वधर्मान् परित्यज्य मामेकं शरणं व्रज इति शक्तिः ॥

अहं त्वा सर्वपापेभ्यो मोक्षयिष्यामि मा शुचः , इति कीलकम् ।

नैनं छिन्दन्ति शस्त्राणि नैनं दहति पावकः , इति अङ्गुष्ठाभ्यां नमः ॥

न चैनं क्लेदयन्त्यापो न शोषयति मारुत इति तर्जनीभ्यां नमः ॥

अच्छेद्योऽयमदाह्योऽयमक्लेद्योऽशोष्य एव च इति मध्यमाभ्यां नमः ॥

नित्यः सर्वगतः स्थाणुरचलोऽयं सनातन इति अनामिकाभ्यां नमः ॥

पश्य मे पार्थ रूपाणि शतशोऽथ सहस्रश इति कनिष्ठिकाभ्यां नमः ॥

नानाविधानि दिव्यानि नानावर्णाकृतीनि च इति करतलकरपृष्ठाभ्यां नमः ॥

अथ हृदयादिन्यासः

नैनं छिन्दन्ति शस्त्राणि नैनं दहति पावक इति हृदयाय नमः ॥

न चैनं क्लेदयन्त्यापो न शोषयति मारुत इति शिरसे स्वाहा ॥

अच्छेद्योऽयमदाह्योऽयमक्लेद्योऽशोष्य एव च इति शिखायै वषट् ॥

नित्यः सर्वगतः स्थाणुरचलोऽयं सनातन इति कवचाय हुम् ॥

पश्य मे पार्थ रूपाणि शतशोऽथ सहस्रश इति नेत्रत्रयाय वौषट् ॥

नानाविधानि दिव्यानि नानावर्णाकृतीनि च इति अस्त्राय फट् ॥

श्रीकृष्णप्रीति अर्थे पाठे विनियोगः ॥

Gita Aarti

जय भगवद् गीते , जय भगवद् गीते ।
हरि-हिय-कमल-विहारिणि, सुन्दर सुपुनीते ॥
कर्म-सुमर्म-प्रकाशिनि , कामासक्तिहरा ।
तत्त्वज्ञान-विकाशिनि , विद्या ब्रह्म परा ॥ जय भगवद्गीते x 2

निश्चल-भक्ति-विधायिनी , निर्मल मलहारी ।
शरण-रहस्य-प्रदायिनि , सब विधि सुखकारी ॥
राग-द्वेष-विदारिणि , कारिणि मोद सदा ।
भव-भय-हारिणि तारिणि , परमानन्दप्रदा ॥ जय भगवद्गीते x 2

आसुरभाव-विनाशिनि , नाशिनि तम रजनी ।
दैवी सद्गुणदायिनि , हरि-रसिका सजनी ॥
समता-त्याग सिखावनि , हरि-मुखकी बानी ।
सकल शास्त्रकी स्वामिनि,श्रुतियों की रानी ॥ जय भगवद्गीते x 2

दया-सुधा बरसावनि , मातु ! कृपा कीजै ।
हरि-पद-प्रेम दान कर , अपनो कर लीजै ॥
हरि-पद-प्रेम दान कर , अपनो कर लीजै ॥
जय भगवद्गीते , जय भगवद्गीते ॥

The aarti is attributed to Swami Sivananda.

References

Author-Title-Year-Ed-Publisher

Jayadayal Goyandka-श्रीपञ्चरत्नगीता-2014-1st-Gita Press, Gorakhpur

Swami Ramsukhdas-श्रीमद्भगवद्गीता साधक-संजीवनी-2013-33rd -Gita Press, Gorakhpur

Bellamkonda Rama Raya Kavindrulu-श्रीभगवद्गीता भाष्यार्कप्रकाशविलसित श्रीशाङ्करभाष्योपेता -1956-1st -Bellamkonda Chakradhar Kumar, Guntur

V S Apte-संस्कृत हिन्दी कोश (1890 Ed)-1997-1st -Oriental Book Center, Delhi

Swami Dayananda Saraswati-Srimad Bhagavad Gita-2007-1st-Arsha Vidya Research and Publication Trust, Chennai

Swami Sivananda-The Bhagavad Gita-1995-1st -The Divine Life Society, Tehri Garhwal

Audio Chanting

Swami Brahmananda Saraswati, Mumbai
http://www.gita-society.com/gitaaudio2011igssanskritgita.html

Swami Omkarananda, Theni http://www.vedaneri.org/

Sri Aurobindo Kapali Shastry Institute of Vedic Culture, Bangalore
https://vedah.com/

Vyoma Linguistics Labs Foundation, Bangalore http://www.vyomalabs.in/

Bhagavad Gita 1993 Sanskrit Movie by G.V. Iyer
https://www.youtube.com/watch?v=E4EvBymfm7U

Bhagavad Gita - Learn & Chant Shlokas with Brijit Dighe
https://www.youtube.com/watch?v=rhgLvbG-JF8

Section 2 Bhagavad Gita Chanting

उच्चारण करते समय आधे अक्षर पर रुकिये । पूरे अक्षर पर आगे बढ़ जायें ॥
During chanting, pause at the half letter; go on at the whole letter.

Pushpa Dikshit, Bilaspur 16.9.2015

Beginning Invocation

ॐ नमो भगवते वासुदेवाय
ॐ नमो भगवते वासुदेवाय
ॐ नमो भगवते वासुदेवाय
ॐ नमो भगवते वासुदेवाय

श्रीमद् भगवद् गीता

ॐ श्री परमात्मने नमः ।

1 अथ प्रथमोऽध्यायः

धृतराष्ट्र उवाच

धर्मक्षेत्रे कुरुक्षेत्रे , समवेता युयुत्सवः ।
मामकाᳶ पाण्डवाश्चैव , किम् अकुर्वत सञ्जय ॥ १.१

सञ्जय उवाच

दृष्ट्वा तु पाण्डवानीकम् , व्यूढं दुर्योधनस् तदा ।
आचार्यम् उपसङ्गम्य , राजा वचनम् अब्रवीत् ॥ १.२

पश्यैतां पाण्डुपुत्राणाम् , आचार्य महतीं चमूम् ।
व्यूढां द्रुपदपुत्रेण , तव शिष्येण धीमता ॥ १.३

अत्र शूरा महेष्वासाः , भीमार्जुनसमा युधि ।
युयुधानो विराटश्च , द्रुपदश्च महारथः ॥ १.४

धृष्टकेतुश् चेकितानः , काशिराजश्च वीर्यवान् ।
पुरुजित् कुन्तिभोजश्च , शैब्यश्च नरपुङ्गवः ॥ १.५

युधामन्युश्च विक्रान्तः , उत्तमौजाश्च वीर्यवान् ।
सौभद्रो द्रौपदेयाश्च , सर्व एव महारथाः ॥ १.६

अस्माकं तु विशिष्टा ये , तान् निबोध द्विजोत्तम ।
नायका मम सैन्यस्य , सञ्ज्ञार्थं तान् ब्रवीमि ते ॥ १.७

भवान् भीष्मश्च कर्णश्च , कृपश्च समितिञ्जयः ।
अश्वत्थामा विकर्णश्च , सौमदत्तिस् तथैव च ॥ १.८

अन्ये च बहवश् शूराः ,   मदर्थे त्यक्तजीविताः ।
नानाशस्त्रप्रहरणाः ,   सर्वे युद्धविशारदाः ॥ १.९

अपर्याप्तं तद् अस्माकम् , बलं भीष्माभिरक्षितम् ।
पर्याप्तं त्विदम् एतेषाम् ,   बलं भीमाभिरक्षितम् ॥ १.१०

अयनेषु च सर्वेषु ,   यथाभागम् अवस्थिताः ।
भीष्मम् एवाभिरक्षन्तु ,   भवन्तस् सर्व एव हि ॥ १.११

तस्य सञ्जनयन् हर्षम् ,   कुरुवृद्धᳲ पितामहः ।
सिंहनादं विनद्योच्चैः ,   शङ्खं दध्मौ प्रतापवान् ॥ १.१२

ततश् शङ्खाश्च भेर्यश्च ,   पणवानकगोमुखाः ।
सहसैवाभ्यहन्यन्त ,   स शब्दस् तुमुलोऽभवत् ॥ १.१३

ततः श्वेतैर् हयैर्युक्ते ,   महति स्यन्दने स्थितौ ।
माधवᳲ पाण्डवश्चैव ,   दिव्यौ शङ्खौ प्रदध्मतुः ॥ १.१४

पाञ्चजन्यं हृषीकेशः ,   देवदत्तं धनञ्जयः ।
पौण्ड्रं दध्मौ महाशङ्खम् , भीमकर्मा वृकोदरः ॥ १.१५

अनन्तविजयं राजा ,   कुन्तीपुत्रो युधिष्ठिरः ।
नकुलस् सहदेवश्च ,   सुघोषमणिपुष्पकौ ॥ १.१६

काश्यश्च परमेष्वासः ,   शिखण्डी च महारथः ।
धृष्टद्युम्नो विराटश्च ,   सात्यकिश् चापराजितः ॥ १.१७

द्रुपदो द्रौपदेयाश्च ,   सर्वशᳲ पृथिवीपते ।
सौभद्रश्च महाबाहुः ,   शङ्खान् दध्मुᳲ पृथक् पृथक् ॥ १.१८

स घोषो धार्तराष्ट्राणाम् ,   हृदयानि व्यदारयत् ।
नभश्च पृथिवीं चैव ,   तुमुलो व्यनुनादयन् ॥ १.१९

अथ व्यवस्थितान् दृष्ट्वा ,   धार्तराष्ट्रान् कपिध्वजः ।
प्रवृत्ते शस्त्रसम्पाते ,   धनुरुद् यम्य पाण्डवः ॥ १.२०

हृषीकेशं तदा वाक्यम् ,   इदम् आह महीपते ।
अर्जुन उवाच
सेनयोरुभयोर् मध्ये ,   रथं स्थापय मेऽच्युत ॥ १.२१

यावद् एतान् निरीक्षेऽहम् ,   योद्धुकामान् अवस्थितान् ।
कैर्मया सह योद्धव्यम् ,   अस्मिन् रणसमुद्यमे । १.२२

योत्स्यमानान् अवेक्षेऽहम् ,   य एतेऽत्र समागताः ।
धार्तराष्ट्रस्य दुर्बुद्धेः ,   युद्धे प्रियचिकीर्षवः ॥ १.२३
सञ्जय उवाच
एवम् उक्तो हृषीकेशः ,   गुडाकेशेन भारत ।
सेनयोरुभयोर् मध्ये ,   स्थापयित्वा रथोत्तमम् ॥ १.२४

भीष्मद्रोणप्रमुखतः ,   सर्वेषां च महीक्षिताम् ।
उवाच पार्थ पश्यैतान् ,   समवेतान् कुरूनिति ॥ १.२५

तत्रापश्यत् स्थितान् पार्थः ,   पितनथ पितामहान् ।
आचार्यान् मातुलान् भ्रातन् ,पुत्रान् पौत्रान् सखींस् तथा ॥ १.२६

श्वशुरान् सुहृदश् चैव ,   सेनयोरुभयोरपि ।
तान् समीक्ष्य स कौन्तेयः ,   सर्वान् बन्धून् अवस्थितान् ॥ १.२७

कृपया परयाविष्टः ,   विषीदन्निदम् अब्रवीत् ।
अर्जुन उवाच
दृष्ट्वेमं स्वजनं कृष्ण ,   युयुत्सुं समुपस्थितम् ॥ १.२८

सीदन्ति मम गात्राणि ,   मुखं च परिशुष्यति ।
वेपथुश्च शरीरे मे ,   रोमहर्षश् च जायते ॥ १.२९

गाण्डीवं स्रम्सते हस्तात् ,   त्वक्चैव परिदह्यते ।
न च शक्नोम्यवस्थातुम् , भ्रमतीव च मे मनः ॥ १.३०

निमित्तानि च पश्यामि ,   विपरीतानि केशव ।
न च श्रेयोऽनुपश्यामि ,   हत्वा स्वजनमाहवे ॥ १.३१

न काङ्क्षे विजयं कृष्ण ,   न च राज्यं सुखानि च ।
किं नो राज्येन गोविन्द ,   किं भोगैर् जीवितेन वा ॥ १.३२

येषाम् अर्थे काङ्क्षितं नः , राज्यं भोगास् सुखानि च ।
त इमेऽवस्थिता युद्धे ,   प्राणांस् त्यक्त्वा धनानि च ॥ १.३३

आचार्याः पितरः पुत्राः ,   तथैव च पितामहाः ।
मातुलाः श्वशुराः पौत्राः ,   श्यालास् सम्बन्धिनस् तथा ॥ १.३४

एतान् न हन्तुम् इच्छामि ,   घ्नतोऽपि मधुसूदन ।
अपि त्रैलोक्यराज्यस्य ,   हेतोः किं नु महीकृते ॥ १.३५

निहत्य धार्तराष्ट्रान् नः ,   का प्रीतिस् स्याज् जनार्दन ।
पापमेवाश्रयेद् अस्मान् ,   हत्वैतान् आततायिनः ॥ १.३६

तस्मान् नार्हा वयं हन्तुम् ,   धार्तराष्ट्रान् स्वबान्धवान् ।
स्वजनं हि कथं हत्वा ,   सुखिनस् स्याम माधव ॥ १.३७

यद्यप्येते न पश्यन्ति ,   लोभोपहतचेतसः ।
कुलक्षयकृतं दोषम् ,   मित्रद्रोहे च पातकम् ॥ १.३८

कथं न ज्ञेयम् अस्माभिः , पापाद् अस्मान् निवर्तितुम् ।
कुलक्षयकृतं दोषम् , प्रपश्यद्भिर् जनार्दन ॥ १.३९

कुलक्षये प्रणश्यन्ति , कुलधर्मास् सनातनाः ।
धर्मे नष्टे कुलं कृत्स्नम् , अधर्मोऽभिभवत्युत ॥ १.४०

अधर्माभिभवात् कृष्ण , प्रदुष्यन्ति कुलस्त्रियः ।
स्त्रीषु दुष्टासु वार्ष्णेय , जायते वर्णसङ्करः ॥ १.४१

सङ्करो नरकायैव , कुलघ्नानां कुलस्य च ।
पतन्ति पितरो ह्येषाम् , लुप्तपिण्डोदकक्रियाः ॥ १.४२

दोषैरेतैः कुलघ्नानाम् , वर्णसङ्करकारकैः ।
उत्साद्यन्ते जातिधर्माः , कुलधर्माश्च शाश्वताः ॥ १.४३

उत्सन्नकुलधर्माणाम् , मनुष्याणां जनार्दन ।
नरकेऽनियतं वासः , भवतीत्यनुशुश्रुम ॥ १.४४

अहो बत महत् पापम् , कर्तुं व्यवसिता वयम् ।
यद् राज्यसुखलोभेन , हन्तुं स्वजनमुद्यताः ॥ १.४५

यदि मामप्रतीकारम् , अशस्त्रं शस्त्रपाणयः ।
धार्तराष्ट्रा रणे हन्युः , तन्मे क्षेमतरं भवेत् ॥ १.४६

सञ्जय उवाच

एवम् उक्त्वार्जुनस् सङ्ख्ये , रथोपस्थ उपाविशत् ।
विसृज्य सशरं चापम् , शोकसंविग्नमानसः ॥ १.४७

ॐ तत् सत् ।
इति श्रीमद्भगवद्गीतासु , उपनिषत्सु , ब्रह्मविद्यायां योगशास्त्रे श्रीकृष्णार्जुनसंवादे
अर्जुन-विषाद-योगो नाम , प्रथमोऽध्यायः ॥ १ ॥

2 अथ द्वितीयोऽध्यायः

सञ्जय उवाच

तं तथा कृपयाविष्टम् , अश्रुपूर्णाकुलेक्षणम् ।
विषीदन्तम् इदं वाक्यम् , उवाच मधुसूदनः ॥ २.१

श्री भगवान् उवाच

कुतस् त्वा कश्मलम् इदम् , विषमे समुपस्थितम् ।
अनार्यजुष्टम् अस्वर्ग्यम् , अकीर्तिकरमर्जुन ॥ २.२

क्लैब्यं मा स्म गमः पार्थ , नैतत्त्वय्युपपद्यते ।
क्षुद्रं हृदय-दौर्बल्यम् , त्यक्त्वोत्तिष्ठ परन्तप ॥ २.३

अर्जुन उवाच

कथं भीष्ममहं सङ्ख्ये , द्रोणं च मधुसूदन ।
इषुभिः प्रति योत्स्यामि , पूजार्-हावरिसूदन ॥ २.४

गुरूनहत्वा हि महानुभावान् , श्रेयो भोक्तुं भैक्ष्यम् अपीह लोके ।
हत्वार्थकामांस्तु गुरूनिहैव , भुञ्जीय भोगान् रुधिरप्रदिग्धान् ॥ २.५

न चैतद् विद्मः कतरन्नो गरीयः , यद्वा जयेम यदि वा नो जयेयुः ।
यानेव हत्वा न जिजीविषामः , तेऽवस्थिताः प्रमुखे धार्तराष्ट्राः ॥ २.६

कार्पण्यदोषोपहतस्वभावः , पृच्छामि त्वां धर्मसम्मूढचेताः ।
यच्छ्रेयस् स्यान्-निश्चितं ब्रूहि तन्मे , शिष्यस्तेऽहं शाधि मां त्वां प्रपन्नम् ॥ २.७

न हि प्रपश्यामि ममापनुद्याद् , यच्छोकमुच्छोषणम् इन्द्रियाणाम् ।
अवाप्य भूमावसपत्नमृद्धम् , राज्यम् सुराणाम् अपि चाधिपत्यम् ॥ २.८

सञ्जय उवाच

एवम् उक्त्वा हृषीकेशम् ,　　गुडाकेशः परन्तपः ।
न योत्स्य इति गोविन्दम् ,　　उक्त्वा तूष्णीं बभूव ह ॥ २.९

तमुवाच हृषीकेशः ,　　प्रहसन्निव भारत ।
सेनयोरुभयोर् मध्ये ,　　विषीदन्तम् इदं वचः ॥ २.१०

श्री भगवान् उवाच

अशोच्यान् अन्वशोचस्त्वम् ,　　प्रज्ञावादांश्च भाषसे ।
गतासून् अगतासूंश्च ,　　नानुशोचन्ति पण्डिताः ॥ २.११

न त्वेवाहं जातु नासम् ,　　न त्वं नेमे जनाधिपाः ।
न चैव न भविष्यामः ,　　सर्वे वयमतः परम् ॥ २.१२

देहिनोऽस्मिन् यथा देहे ,　　कौमारं यौवनं जरा ।
तथा देहान्तरप्राप्तिः ,　　धीरस्तत्र न मुह्यति ॥ २.१३

मात्रास्पर्शास् तु कौन्तेय ,　　शीतोष्णसुखदुःखदाः ।
आगमापायिनोऽनित्याः ,　　तांस्तितिक्षस्व भारत ॥ २.१४

यं हि न व्यथयन्त्येते ,　　पुरुषं पुरुषर्षभ ।
समदुःखसुखं धीरम् ,　　सोऽमृतत्वाय कल्पते ॥ २.१५

नासतो विद्यते भावः ,　　नाभावो विद्यते सतः ।
उभयोरपि दृष्टोऽन्तः ,　　त्वनयोस् तत्त्वदर्शिभिः ॥ २.१६

अविनाशि तु तद् विद्धि ,　　येन सर्वम् इदं ततम् ।
विनाशम् अव्ययस्यास्य ,　　न कश्चित् कर्तुमर्हति ॥ २.१७

अन्तवन्त इमे देहाः ,　　नित्यस्योक्ताश् शरीरिणः ।
अनाशिनोऽप्रमेयस्य ,　　तस्माद् युध्यस्व भारत ॥ २.१८

य एनं वेत्ति हन्तारम् , यश्चैनं मन्यते हतम् ।
उभौ तौ न विजानीतः , नायं हन्ति न हन्यते ॥ २.१९

न जायते म्रियते वा कदाचित् , नायं भूत्वा भविता वा न भूयः ।
अजो नित्यश् शाश्वतोऽयं पुराणः , न हन्यते हन्यमाने शरीरे ॥ २.२०

वेदाविनाशिनं नित्यम् , य एनम् अजम् अव्ययम् ।
कथं स पुरुषः पार्थ , कं घातयति हन्ति कम् ॥ २.२१

वासांसि जीर्णानि यथा विहाय , नवानि ***गृह्णाति*** नरोऽपराणि ।
तथा शरीराणि विहाय जीर्णानि , अन्यानि संयाति नवानि देही ॥ २.२२

नैनं छिन्दन्ति शस्त्राणि , नैनं दहति पावकः ।
न चैनं क्लेदयन्त्यापः , न शोषयति मारुतः ॥ २.२३

अच्छेद्योऽयम् अदाह्योऽयम् , अक्लेद्योऽशोष्य एव च ।
नित्यस् सर्वगतस् स्थाणुः , अचलोऽयं सनातनः ॥ २.२४

अव्यक्तोऽयम् अचिन्त्योऽयम् , अविकार्योऽयम् उच्यते ।
तस्मादेवं विदित्वैनम् , नानुशोचितुम् अर्हसि ॥ २.२५

अथ चैनं नित्यजातम् , नित्यं वा मन्यसे मृतम् ।
तथापि त्वं महाबाहो , नैवं शोचितुम् अर्हसि ॥ २.२६

जातस्य हि ध्रुवो मृत्युः , ध्रुवं जन्म मृतस्य च ।
तस्माद् अपरिहार्येऽर्थे , न त्वं शोचितुम् अर्हसि ॥ २.२७

अव्यक्तादीनि भूतानि , व्यक्तमध्यानि भारत ।
अव्यक्तनिधनान्येव , तत्र का परिदेवना ॥ २.२८

आश्चर्यवत् पश्यति कश्चिद् एनम् , आश्चर्यवद् वदति तथैव चान्यः ।
आश्चर्यवच् चैनमन्यश् शृणोति , श्रुत्वाप्येनं वेद न चैव कश्चित् ॥ २.२९

देही नित्यम् अवध्योऽयम् , देहे सर्वस्य भारत ।
तस्मात् सर्वाणि भूतानि , न त्वं शोचितुम् अर्हसि ॥ २.३०

स्वधर्मम् अपि चावेक्ष्य , न विकम्पितुम् अर्हसि ।
धर्म्याद्धि युद्धाच् छ्रेयोऽन्यत् , क्षत्रियस्य न विद्यते ॥ २.३१

यदृच्छया चोपपन्नम् , स्वर्गद्वारम् अपावृतम् ।
सुखिनः क्षत्रियाः पार्थ , लभन्ते युद्धमीदृशम् ॥ २.३२

अथ चेत् त्वमिमं धर्म्यम् , सङ्ग्रामं न करिष्यसि ।
ततस् स्वधर्मं कीर्तिं च , हित्वा पापम् अवाप्स्यसि ॥ २.३३

अकीर्तिं चापि भूतानि , कथयिष्यन्ति तेऽव्ययाम् ।
सम्भावितस्य चाकीर्तिः , मरणादतिरिच्यते ॥ २.३४

भयाद् रणाद् उपरतम् , मंस्यन्ते त्वां महारथाः ।
येषां च त्वं बहुमतः , भूत्वा यास्यसि लाघवम् ॥ २.३५

अवाच्यवादांश्च बहून् , वदिष्यन्ति तवाहिताः ।
निन्दन्तस् तव सामर्थ्यम् , ततो दुःखतरं नु किम् ॥ २.३६

हतो वा प्राप्स्यसि स्वर्गम् , जित्वा वा भोक्ष्यसे महीम् ।
तस्माद् उत्तिष्ठ कौन्तेय , युद्धाय कृतनिश्चयः ॥ २.३७

सुखदुःखे समे कृत्वा , लाभालाभौ जयाजयौ ।
ततो युद्धाय युज्यस्व , नैवं पापम् अवाप्स्यसि ॥ २.३८

एषा तेऽभिहिता साङ्ख्ये , बुद्धिर् योगे त्विमां शृणु ।
बुद्ध्या युक्तो यया पार्थ , कर्मबन्धं प्रहास्यसि ॥ २.३९

नेहाभिक्रमनाशोऽस्ति , प्रत्यवायो न विद्यते ।
स्वल्पम् अप्यस्य धर्मस्य , त्रायते महतो भयात् ॥ २.४०

व्यवसायात्मिका बुद्धिः , एकेह कुरुनन्दन ।
बहुशाखा ह्यनन्ताश्च , बुद्धयोऽव्यवसायिनाम् ॥ २.४१

याम् इमां पुष्पितां वाचम् , प्रवदन्त्यविपश्चितः ।
वेदवादरताᳶ पार्थ , नान्यदस्तीति वादिनः ॥ २.४२

कामात्मानस् स्वर्गपराः , जन्मकर्मफलप्रदाम् ।
क्रियाविशेषबहुलाम् , भोगैश्वर्यगतिं प्रति ॥ २.४३

भोगैश्वर्यप्रसक्तानाम् , तयापहृतचेतसाम् ।
व्यवसायात्मिका बुद्धिः , समाधौ न विधीयते ॥ २.४४

त्रैगुण्यविषया वेदाः , निस्त्रैगुण्यो भवार्जुन ।
निर् द्वन्द्वो नित्यसत्त्वस्थः , निर्योगक्षेम आत्मवान् ॥ २.४५

यावानर्थ उदपाने , सर्वतस् सम्प्लुतोदके ।
तावान् सर्वेषु वेदेषु , ब्राह्मणस्य विजानतः ॥ २.४६

कर्मण्येवाधिकारस्ते , मा फलेषु कदाचन ।
मा कर्मफलहेतुर् भूः , मा ते सङ्गोऽस्त्वकर्मणि ॥ २.४७

योगस्थᳶ कुरु कर्माणि , सङ्गं त्यक्त्वा धनञ्जय ।
सिद्ध्यसिद्ध्योस् समो भूत्वा , समत्वं योग उच्यते ॥ २.४८

दूरेण ह्यवरं कर्म , बुद्धियोगाद् धनञ्जय ।
बुद्धौ शरणम् अन्विच्छ , कृपणाः फलहेतवः ॥ २.४९

बुद्धियुक्तो जहातीह , उभे सुकृतदुष्कृते ।
तस्माद् योगाय युज्यस्व , योगः कर्मसु कौशलम् ॥ २.५०

कर्मजं बुद्धियुक्ता हि , फलं त्यक्त्वा मनीषिणः ।
जन्मबन्धविनिर्मुक्ताः , पदं गच्छन्त्यनामयम् ॥ २.५१

यदा ते मोहकलिलम् , बुद्धिर् व्यतितरिष्यति ।
तदा गन्तासि निर्वेदम् , श्रोतव्यस्य श्रुतस्य च ॥ २.५२

श्रुतिविप्रतिपन्ना ते , यदा स्थास्यति निश्चला ।
समाधावचला बुद्धिः , तदा योगम् अवाप्स्यसि ॥ २.५३

अर्जुन उवाच

स्थितप्रज्ञस्य का भाषा , समाधिस्थस्य केशव ।
स्थितधीः किं प्रभाषेत , किम् आसीत व्रजेत किम् ॥ २.५४

श्री भगवान् उवाच

प्रजहाति यदा कामान् , सर्वान् पार्थ मनोगतान् ।
आत्मन्येवात्मना तुष्टः , स्थितप्रज्ञस् तदोच्यते ॥ २.५५

दुःखेष्वनुद् विग्नमनाः , सुखेषु विगतस्पृहः ।
वीतरागभयक्रोधः , स्थितधीर् मुनिर् उच्यते ॥ २.५६

यस् सर्वत्रानभिस्नेहः , तत् तत् प्राप्य शुभाशुभम् ।
नाभिनन्दति न द्वेष्टि , तस्य प्रज्ञा प्रतिष्ठिता ॥ २.५७

यदा संहरते चायम् , कूर्मोऽङ्गानीव सर्वशः ।
इन्द्रियाणीन्द्रियार्थेभ्यः , तस्य प्रज्ञा प्रतिष्ठिता ॥ २.५८

विषया विनिवर्तन्ते , निराहारस्य देहिनः ।
रसवर्जं रसोऽप्यस्य , परं दृष्ट्वा निवर्तते ॥ २.५९

यततो ह्यपि कौन्तेय , पुरुषस्य विपश्चितः ।
इन्द्रियाणि प्रमाथीनि , हरन्ति प्रसभं मनः ॥ २.६०

तानि सर्वाणि संयम्य , युक्त आसीत मत्परः ।
वशे हि यस्येन्द्रियाणि , तस्य प्रज्ञा प्रतिष्ठिता ॥ २.६१

ध्यायतो विषयान् पुंसः , सङ्गस्तेषूपजायते ।
सङ्गात् सञ्जायते कामः , कामात् क्रोधोऽभिजायते ॥ २.६२

क्रोधाद् भवति सम्मोहः , सम्मोहात् स्मृतिविभ्रमः ।
स्मृतिभ्रंशाद् बुद्धिनाशः , बुद्धिनाशात् प्रणश्यति ॥ २.६३

रागद्वेषवियुक्तैस् तु , विषयान् इन्द्रियैश्चरन् ।
आत्मवश्यैर् विधेयात्मा , प्रसादम् अधिगच्छति ॥ २.६४

प्रसादे सर्वदुःखानाम् , हानिरस्योपजायते ।
प्रसन्नचेतसो ह्याशु , बुद्धिः पर्यवतिष्ठते ॥ २.६५

नास्ति बुद्धिर् अयुक्तस्य , न चायुक्तस्य भावना ।
न चाभावयतश् शान्तिः , अशान्तस्य कुतस् सुखम् ॥ २.६६

इन्द्रियाणां हि चरताम् , यन् मनोऽनुविधीयते ।
तदस्य हरति प्रज्ञाम् , वायुर् नावमिवाम्भसि ॥ २.६७

तस्माद् यस्य महाबाहो , निगृहीतानि सर्वशः ।
इन्द्रियाणीन्द्रियार्थेभ्यः , तस्य प्रज्ञा प्रतिष्ठिता ॥ २.६८

या निशा सर्वभूतानाम् , तस्यां जागर्ति संयमी ।
यस्यां जाग्रति भूतानि , सा निशा पश्यतो मुनेः ॥ २.६९

आपूर्यमाणम् अचलप्रतिष्ठम् , समुद्रमापः प्रविशन्ति यद्वत् ।
तद्वत् कामा यं प्रविशन्ति सर्वे , स शान्तिम् आप्नोति न कामकामी ॥ २.७०

विहाय कामान् यस् सर्वान् , पुमांश्चरति निःस्पृहः ।
निर्ममो निरहङ्कारः , स शान्तिम् अधिगच्छति ॥ २.७१

एषा ब्राह्मी स्थितिः पार्थ , नैनां प्राप्य विमुह्यति ।
स्थित्वास्याम् अन्तकालेऽपि , ब्रह्मनिर्वाणम् ऋच्छति ॥ २.७२

ॐ तत् सत् ।
इति श्रीमद्भगवद्गीतासु उपनिषत्सु ब्रह्मविद्यायां योगशास्त्रे श्रीकृष्णार्जुनसंवादे
साङ्ख्य-योगो नाम द्वितीयोऽध्यायः ॥ २॥

3 अथ तृतीयोऽध्यायः

अर्जुन उवाच

ज्यायसी चेत् कर्मणस् ते , मता बुद्धिर् जनार्दन ।
तत्किं कर्मणि घोरे माम् , नियोजयसि केशव ॥ ३.१

व्यामिश्रेणेव वाक्येन , बुद्धिं मोहयसीव मे ।
तदेकं वद निश्चित्य , येन श्रेयोऽहम् आप्नुयाम् ॥ ३.२

श्री भगवान् उवाच

लोकेऽस्मिन् द्विविधा निष्ठा , पुरा प्रोक्ता मयानघ ।
ज्ञानयोगेन साङ्ख्यानाम् , कर्मयोगेन योगिनाम् ॥ ३.३

न कर्मणामनारम्भात् , नैष्कर्म्यं पुरुषोऽश्नुते ।
न च संन्यसनादेव , सिद्धिं समधिगच्छति ॥ ३.४

न हि कश्चित् क्षणम् अपि , जातु तिष्ठत्यकर्मकृत् ।
कार्यते ह्यवशः कर्म , सर्वः प्रकृतिजैर् गुणैः ॥ ३.५

कर्मेन्द्रियाणि संयम्य , य आस्ते मनसा स्मरन् ।
इन्द्रियार्थान् विमूढात्मा , मिथ्याचारस् स उच्यते ॥ ३.६

यस्त्विन्द्रियाणि मनसा , नियम्यारभतेऽर्जुन ।
कर्मेन्द्रियैः कर्मयोगम् , असक्तस् स विशिष्यते ॥ ३.७

नियतं कुरु कर्म त्वम् , कर्म ज्यायो ह्यकर्मणः ।
शरीरयात्रापि च ते , न प्रसिद्ध्येद् अकर्मणः ॥ ३.८

यज्ञार्थात् कर्मणोऽन्यत्र , लोकोऽयं कर्मबन्धनः ।
तदर्थं कर्म कौन्तेय , मुक्तसङ्गस् समाचर ॥ ३.९

सहयज्ञाः प्रजास् सृष्ट्वा , पुरोवाच प्रजापतिः ।
अनेन प्रसविष्यध्वम् , एष वोऽस्त्विष्टकामधुक् ॥ ३.१०

देवान् भावयतानेन , ते देवा भावयन्तु वः ।
परस्परं भावयन्तः , श्रेयः परम् अवाप्स्यथ ॥ ३.११

इष्टान् भोगान् हि वो देवाः , दास्यन्ते यज्ञभाविताः ।
तैर्दत्तानप्रदायैभ्यः , यो भुङ्क्ते स्तेन एव सः ॥ ३.१२

यज्ञशिष्टाशिनस् सन्तः , मुच्यन्ते सर्वकिल्बिषैः ।
भुञ्जते ते त्वघं पापाः , ये पचन्त्यात्मकारणात् ॥ ३.१३

अन्नाद्भवन्ति भूतानि , पर्जन्याद् अन्नसम्भवः ।
यज्ञाद्भवति पर्जन्यः , यज्ञः कर्मसमुद्भवः ॥ ३.१४

कर्म ब्रह्मोद्भवं विद्धि , ब्रह्माक्षरसमुद्भवम् ।
तस्मात् सर्वगतं ब्रह्म , नित्यं यज्ञे प्रतिष्ठितम् ॥ ३.१५

एवं प्रवर्तितं चक्रम् , नानुवर्तयतीह यः ।
अघायुरिन्द्रियारामः , मोघं पार्थ स जीवति ॥ ३.१६

यस्त्वात्मरतिरेव स्यात् , आत्मतृप्तश्च मानवः ।
आत्मन्येव च सन्तुष्टः , तस्य कार्यं न विद्यते ॥ ३.१७

नैव तस्य कृतेनार्थः , नाकृतेनेह कश्चन ।
न चास्य सर्वभूतेषु , कश्चिद् अर्थव्यपाश्रयः ॥ ३.१८

तस्माद् असक्तस् सततम् , कार्यं कर्म समाचर ।
असक्तो ह्याचरन् कर्म , परम् आप्नोति पूरुषः ॥ ३.१९

कर्मणैव हि संसिद्धिम् , आस्थिता जनकादयः ।
लोकसङ्ग्रहमेवापि , सम्पश्यन् कर्तुमर्हसि ॥ ३.२०

यद् यदाचरति श्रेष्ठः , तत् तदेवेतरो जनः ।
स यत् प्रमाणं कुरुते , लोकस् तद् अनुवर्तते ॥ ३.२१

न मे पार्थास्ति कर्तव्यम् , त्रिषु लोकेषु किञ्चन ।
नानवाप्तम् अवाप्तव्यम् , वर्त एव च कर्मणि ॥ ३.२२

यदि ह्यहं न वर्तेयम् , जातु कर्मण्यतन्द्रितः ।
मम वर्त्मानुवर्तन्ते , मनुष्याᳲ पार्थ सर्वशः ॥ ३.२३

उत्सीदेयुरिमे लोकाः , न कुर्यां कर्म चेदहम् ।
सङ्करस्य च कर्ता स्याम् , उपहन्यामिमाᳲ प्रजाः ॥ ३.२४

सक्ताᳲ कर्मण्यविद्वांसः , यथा कुर्वन्ति भारत ।
कुर्याद् विद्वांस्तथासक्तः , चिकीर्षुर् लोकसङ्ग्रहम् ॥ ३.२५

न बुद्धिभेदं जनयेत् , अज्ञानां कर्मसङ्गिनाम् ।
जोषयेत् सर्वकर्माणि , विद्वान् युक्तस् समाचरन् ॥ ३.२६

प्रकृतेᳲ क्रियमाणानि , गुणैᳲ कर्माणि सर्वशः ।
अहङ्कारविमूढात्मा , कर्ताहम् इति मन्यते ॥ ३.२७

तत्त्ववित् तु महाबाहो , गुणकर्मविभागयोः ।
गुणा गुणेषु वर्तन्ते , इति मत्वा न सज्जते ॥ ३.२८

प्रकृतेर् गुणसम्मूढाः , सज्जन्ते गुणकर्मसु ।
तान् अकृत्स्नविदो मन्दान् , कृत्स्नविन् न विचालयेत् ॥ ३.२९

मयि सर्वाणि कर्माणि , सन्न्यस्याध्यात्मचेतसा ।
निराशीर् निर्ममो भूत्वा , युध्यस्व विगतज्वरः ॥ ३.३०

ये मे मतम् इदं नित्यम् , अनुतिष्ठन्ति मानवाः ।
श्रद्धावन्तोऽनसूयन्तः , मुच्यन्ते तेऽपि कर्मभिः ॥ ३.३१

ये त्वेतद् अभ्यसूयन्तः , नानुतिष्ठन्ति मे मतम् ।
सर्वज्ञानविमूढांस्तान् , विद्धि नष्टान् अचेतसः ॥ ३.३२

सदृशं चेष्टते स्वस्याः , प्रकृतेर् ज्ञानवानपि ।
प्रकृतिं यान्ति भूतानि , निग्रहᳵ किं करिष्यति ॥ ३.३३

इन्द्रियस्येन्द्रियस्यार्थे , रागद्वेषौ व्यवस्थितौ ।
तयोर्न वशम् आगच्छेत् , तौ ह्यस्य परिपन्थिनौ ॥ ३.३४

श्रेयान् स्वधर्मो विगुणः , परधर्मात् स्वनुष्ठितात् ।
स्वधर्मे निधनं श्रेयः , परधर्मो भयावहः ॥ ३.३५

अर्जुन उवाच

अथ केन प्रयुक्तोऽयम् , पापं चरति पूरुषः ।
अनिच्छन्नपि वार्ष्णेय , बलादिव नियोजितः ॥ ३.३६

श्री भगवान् उवाच

काम एष क्रोध एषः , रजोगुणसमुद्भवः ।
महाशनो महापाप्मा , विद्ध्येनम् इह वैरिणम् ॥ ३.३७

धूमेनाव्रियते ***वह्निः*** , यथादर्शो मलेन च ।
यथोल्बेनावृतो गर्भः , तथा तेनेदमावृतम् ॥ ३.३८

आवृतं ज्ञानम् एतेन , ज्ञानिनो नित्यवैरिणा ।
कामरूपेण कौन्तेय , दुष्पूरेणानलेन च ॥ ३.३९

इन्द्रियाणि मनो बुद्धिः , अस्याधिष्ठानम् उच्यते ।
एतैर् विमोहयत्येषः , ज्ञानम् आवृत्य देहिनम् ॥ ३.४०

तस्मात् त्वमिन्द्रियाण्यादौ , नियम्य भरतर्षभ ।
पाप्मानं प्रजहि ह्येनम् , ज्ञानविज्ञाननाशनम् ॥ ३.४१

इन्द्रियाणि पराण्याहुः , इन्द्रियेभ्यᳶ परं मनः ।
मनसस्तु परा बुद्धिः , यो बुद्धेᳶ परतस्तु सः ॥ ३.४२

एवं बुद्धेᳶ परं बुद्ध्वा , संस्तभ्यात्मानम् आत्मना ।
जहि शत्रुं महाबाहो , कामरूपं दुरासदम् ॥ ३.४३

ॐ तत् सत् ।
इति श्रीमद्भगवद्गीतासु उपनिषत्सु ब्रह्मविद्यायां योगशास्त्रे श्रीकृष्णार्जुनसंवादे
कर्म-योगो नाम तृतीयोऽध्यायः ॥ ३॥

4 अथ चतुर्थोऽध्यायः

श्री भगवान् उवाच

इमं विवस्वते योगम् , प्रोक्तवान् अहम् अव्ययम् ।
विवस्वान् मनवे प्राह , मनुर् इक्ष्वाकवेऽब्रवीत् ॥ ४.१

एवं परम्पराप्राप्तम् , इमं राजर्षयो विदुः ।
स कालेनेह महता , योगो नष्टः परन्तप ॥ ४.२

स एवायं मया तेऽद्य , योगः प्रोक्तः पुरातनः ।
भक्तोऽसि मे सखा चेति , रहस्यं ह्येतद् उत्तमम् ॥ ४.३

अर्जुन उवाच

अपरं भवतो जन्म , परं जन्म विवस्वतः ।
कथम् एतद् विजानीयाम् , त्वम् आदौ प्रोक्तवान् इति ॥ ४.४

श्री भगवान् उवाच

बहूनि मे व्यतीतानि , जन्मानि तव चार्जुन ।
तान्यहं वेद सर्वाणि , न त्वं वेत्थ परन्तप ॥ ४.५

अजोऽपि सन्नव्ययात्मा , भूतानाम् ईश्वरोऽपि सन् ।
प्रकृतिं स्वाम् अधिष्ठाय , सम्भवाम्यात्ममायया ॥ ४.६

यदा यदा हि धर्मस्य , ग्लानिर् भवति भारत ।
अभ्युत्थानम् अधर्मस्य , तदात्मानं सृजाम्यहम् ॥ ४.७

परित्राणाय साधूनाम् , विनाशाय च दुष्कृताम् ।
धर्मसंस्थापनार्थाय , सम्भवामि युगे युगे ॥ ४.८

जन्म कर्म च मे दिव्यम् , एवं यो वेत्ति तत्त्वतः ।
त्यक्त्वा देहं पुनर्जन्म , नैति मामेति सोऽर्जुन ॥ ४.९

वीतरागभयक्रोधाः , मन्मया माम् उपाश्रिताः ।
बहवो ज्ञानतपसा , पूता मद्भावम् आगताः ॥ ४.१०

ये यथा मां प्रपद्यन्ते , तांस्तथैव भजाम्यहम् ।
मम वर्त्मानुवर्तन्ते , मनुष्याᳶ पार्थ सर्वशः ॥ ४.११

काङ्क्षन्तᳶ कर्मणां सिद्धिम् , यजन्त इह देवताः ।
क्षिप्रं हि मानुषे लोके , सिद्धिर् भवति कर्मजा ॥ ४.१२

चातुर्वर्ण्यं मया सृष्टम् , गुणकर्मविभागशः ।
तस्य कर्तारम् अपि माम् , विद्ध्यकर्तारम् अव्ययम् ॥ ४.१३

न मां कर्माणि लिम्पन्ति , न मे कर्मफले स्पृहा ।
इति मां योऽभिजानाति , कर्मभिर् न स बध्यते ॥ ४.१४

एवं ज्ञात्वा कृतं कर्म , पूर्वैरपि मुमुक्षुभिः ।
कुरु कर्मैव तस्मात् त्वम् , पूर्वैᳶ पूर्वतरं कृतम् ॥ ४.१५

किं कर्म किम् अकर्मेति , कवयोऽप्यत्र मोहिताः ।
तत्ते कर्म प्रवक्ष्यामि , यज्ज्ञात्वा मोक्ष्यसेऽशुभात् ॥ ४.१६

कर्मणो ह्यपि बोद्धव्यम् , बोद्धव्यं च विकर्मणः ।
अकर्मणश्च बोद्धव्यम् , गहना कर्मणो गतिः ॥ ४.१७

कर्मण्यकर्म यᳶ पश्येत् , अकर्मणि च कर्म यः ।
स बुद्धिमान् मनुष्येषु , स युक्तᳶ कृत्स्नकर्मकृत् ॥ ४.१८

यस्य सर्वे समारम्भाः ,   कामसङ्कल्पवर्जिताः ।
ज्ञानाग्निदग्धकर्माणम् ,   तमाहुः पण्डितं बुधाः ॥ ४.१९

त्यक्त्वा कर्मफलासङ्गम् ,   नित्यतृप्तो निराश्रयः ।
कर्मण्यभिप्रवृत्तोऽपि ,   नैव किञ्चित् करोति सः ॥ ४.२०

निराशीर् यतचित्तात्मा ,   त्यक्तसर्वपरिग्रहः ।
शारीरं केवलं कर्म ,   कुर्वन् नाप्नोति किल्बिषम् ॥ ४.२१

यदृच्छालाभसन्तुष्टः ,   द्वन्द्वातीतो विमत्सरः ।
समस् सिद्धावसिद्धौ च ,   कृत्वापि न निबध्यते ॥ ४.२२

गतसङ्गस्य मुक्तस्य ,   ज्ञानावस्थितचेतसः ।
यज्ञायाचरतः कर्म ,   समग्रं प्रविलीयते ॥ ४.२३

ब्रह्मार्पणं ब्रह्म हविः ,   ब्रह्माग्नौ ब्रह्मणा हुतम् ।
ब्रह्मैव तेन गन्तव्यम् ,   ब्रह्मकर्मसमाधिना ॥ ४.२४

दैवम् एवापरे यज्ञम् ,   योगिनः पर्युपासते ।
ब्रह्माग्नावपरे यज्ञम् ,   यज्ञेनैवोपजुह्वति ॥ ४.२५

श्रोत्रादीनि इन्द्रियाण्यन्ये ,   संयमाग्निषु जुह्वति ।
शब्दादीन् विषयान् अन्ये ,   इन्द्रियाग्निषु जुह्वति ॥ ४.२६

सर्वाणि इन्द्रियकर्माणि ,   प्राणकर्माणि चापरे ।
आत्मसंयमयोगाग्नौ ,   जुह्वति ज्ञानदीपिते ॥ ४.२७

द्रव्ययज्ञास् तपोयज्ञाः ,   योगयज्ञास् तथापरे ।
स्वाध्याययज्ञानयज्ञाश्च ,   यतयस् संशितव्रताः ॥ ४.२८

अपाने जुह्वति प्राणम् , प्राणेऽपानं तथापरे ।
प्राणापानगती रुद्ध्वा , प्राणायामपरायणाः ॥ ४.२९

अपरे नियताहाराः , प्राणान् प्राणेषु जुह्वति ।
सर्वेऽप्येते यज्ञविदः , यज्ञक्षपितकल्मषाः ॥ ४.३०

यज्ञशिष्टामृतभुजः , यान्ति ब्रह्म सनातनम् ।
नायं लोकोऽस्त्ययज्ञस्य , कुतोऽन्यः कुरुसत्तम ॥ ४.३१

एवं बहुविधा यज्ञाः , वितता ब्रह्मणो मुखे ।
कर्मजान् विद्धि तान् सर्वान् ,एवं ज्ञात्वा विमोक्ष्यसे ॥ ४.३२

श्रेयान् द्रव्यमयाद् यज्ञात् , ज्ञानयज्ञः परन्तप ।
सर्वं कर्माखिलं पार्थ , ज्ञाने परिसमाप्यते ॥ ४.३३

तद् विद्धि प्रणिपातेन , परिप्रश्नेन सेवया ।
उपदेक्ष्यन्ति ते ज्ञानम् , ज्ञानिनस् तत्त्वदर्शिनः ॥ ४.३४

यज्ज्ञात्वा न पुनर्मोहम् , एवं यास्यसि पाण्डव ।
येन भूतान्यशेषेण , द्रक्ष्यस्यात्मन्यथो मयि ॥ ४.३५

अपि चेदसि पापेभ्यः , सर्वेभ्यः पापकृत्तमः ।
सर्वं ज्ञानप्लवेनैव , वृजिनं सन्तरिष्यसि ॥ ४.३६

यथैधांसि समिद्धोऽग्निः , भस्मसात् कुरुतेऽर्जुन ।
ज्ञानाग्निस् सर्वकर्माणि , भस्मसात् कुरुते तथा ॥ ४.३७

न हि ज्ञानेन सदृशम् , पवित्रम् इह विद्यते ।
तत् स्वयं योगसंसिद्धः , कालेनात्मनि विन्दति ॥ ४.३८

श्रद्धावाँल् लभते ज्ञानम् , तत्परस् संयतेन्द्रियः ।
ज्ञानं लब्ध्वा परां शान्तिम् , अचिरेणाधिगच्छति ॥ ४.३९

अज्ञश् चाश्रद् दधानश्च , संशयात्मा विनश्यति ।
नायं लोकोऽस्ति न परः , न सुखं संशयात्मनः ॥ ४.४०

योगसन्न्यस्तकर्माणम् , ज्ञानसञ्छिन् नसंशयम् ।
आत्मवन्तं न कर्माणि , निबध्नन्ति धनञ्जय ॥ ४.४१

तस्माद् अज्ञानसम्भूतम् , हृत्स्थं ज्ञानासिनात्मनः ।
छित्त्वैनं संशयं योगम् , आतिष्ठोत्तिष्ठ भारत ॥ ४.४२

ॐ तत् सत् ।
इति श्रीमद्भगवद्गीतासु उपनिषत्सु ब्रह्मविद्यायां योगशास्त्रे श्रीकृष्णार्जुनसंवादे
ज्ञान-कर्म-सन्न्यास-योगो नाम चतुर्थोऽध्यायः ॥ ४॥
(ज्ञान-विभाग-योगो नाम)

5 अथ पञ्चमोऽध्यायः

अर्जुन उवाच

सन्न्यासं कर्मणां कृष्ण , पुनर् योगं च शंससि ।
यच्छ्रेय एतयोरेकम् , तन्मे ब्रूहि सुनिश्चितम् ॥ ५.१

श्री भगवान् उवाच

सन्न्यास× कर्मयोगश्च , निःश्रेयसकरावुभौ ।
तयोस्तु कर्मसन्न्यासात् , कर्मयोगो विशिष्यते ॥ ५.२

ज्ञेयस् स नित्यसन्न्यासी , यो न द्वेष्टि न काङ्क्षति ।
निर् द्वन्द्वो हि महाबाहो , सुखं बन्धात् प्रमुच्यते ॥ ५.३

साङ्ख्ययोगौ पृथग्बालाः , प्रवदन्ति न पण्डिताः ।
एकम् अप्यास्थितस् सम्यक् , उभयोर्विन्दते फलम् ॥ ५.४

यत् साङ्ख्यै× प्राप्यते स्थानम् , तद् योगैरपि गम्यते ।
एकं साङ्ख्यं च योगं च , य× पश्यति स पश्यति ॥ ५.५

सन्न्यासस्तु महाबाहो , दुःखम् आप्तुम् अयोगतः ।
योगयुक्तो मुनिर् ब्रह्म , नचिरेणाधिगच्छति ॥ ५.६

योगयुक्तो विशुद्धात्मा , विजितात्मा जितेन्द्रियः ।
सर्वभूतात्मभूतात्मा , कुर्वन्नपि न लिप्यते ॥ ५.७

नैव किञ्चित् करोमीति , युक्तो मन्येत तत्त्ववित् ।
पश्यञ् शृण्वन् स्पृशञ् जिघ्रन् , अश्नन् गच्छन् स्वपञ् श्वसन् ॥ ५.८

प्रलपन् विसृजन् **गृह्णन्** ,	उन्मिषन् निमिषन्नपि ।
इन्द्रियाणीन्द्रियार्थेषु ,	वर्तन्त इति धारयन् ॥ ५.९

ब्रह्मण्याधाय कर्माणि ,	सङ्गं त्यक्त्वा करोति यः ।
लिप्यते न स पापेन ,	पद्मपत्रम् इवाम्भसा ॥ ५.१०

कायेन मनसा बुद्ध्या ,	केवलैर् इन्द्रियैरपि ।
योगिनᳶ कर्म कुर्वन्ति ,	सङ्गं त्यक्त्वात्मशुद्धये ॥ ५.११

युक्तᳶ कर्मफलं त्यक्त्वा ,	शान्तिम् आप्नोति नैष्ठिकीम् ।
अयुक्तᳶ कामकारेण ,	फले सक्तो निबध्यते ॥ ५.१२

सर्वकर्माणि मनसा ,	सन्न्यस्यास्ते सुखं वशी ।
नवद्वारे पुरे देही ,	नैव कुर्वन् न कारयन् ॥ ५.१३

न कर्तृत्वं न कर्माणि ,	लोकस्य सृजति प्रभुः ।
न कर्मफलसंयोगम् ,	स्वभावस्तु प्रवर्तते ॥ ५.१४

नादत्ते कस्यचित् पापम् ,	न चैव सुकृतं विभुः ।
अज्ञानेनावृतं ज्ञानम् ,	तेन मुह्यन्ति जन्तवः ॥ ५.१५

ज्ञानेन तु तद् अज्ञानम् ,	येषां नाशितमात्मनः ।
तेषाम् आदित्यवज्ज्ञानम् ,	प्रकाशयति तत् परम् ॥ ५.१६

तद्बुद्धयस् तदात्मानः ,	तन्निष्ठास् तत्परायणाः ।
गच्छन्त्यपुनरावृत्तिम् ,	ज्ञाननिर्धूतकल्मषाः ॥ ५.१७

विद्याविनयसम्पन्ने ,	ब्राह्मणे गवि हस्तिनि ।
शुनि चैव श्वपाके च ,	पण्डितास् समदर्शिनः ॥ ५.१८

इहैव तैर्जितस् सर्गः ,　　येषां साम्ये स्थितं मनः ।
निर्दोषं हि समं ब्रह्म ,　　तस्माद् ब्रह्मणि ते स्थिताः ॥ ५.१९

न प्रहृष्येत्प्रियं प्राप्य ,　　नोद् विजेत् प्राप्य चाप्रियम् ।
स्थिरबुद्धिर् असम्मूढः ,　　ब्रह्मविद् ब्रह्मणि स्थितः ॥ ५.२०

बाह्यस्पर्शेष्वसक्तात्मा ,　　विन्दत्यात्मनि यत् सुखम् ।
स ब्रह्मयोगयुक्तात्मा ,　　सुखम् अक्षयम् अश्नुते ॥ ५.२१

ये हि संस्पर्शजा भोगाः ,　　दुःखयोनय एव ते ।
आद्यन्तवन्तः कौन्तेय ,　　न तेषु रमते बुधः ॥ ५.२२

शक्नोतीहैव यस् सोढुम् ,　प्राक् शरीरविमोक्षणात् ।
कामक्रोधोद्भवं वेगम् ,　　स युक्तस् स सुखी नरः ॥ ५.२३

योऽन्तस् सुखोऽन्तरारामः , तथान्तर् ज्योतिरेव यः ।
स योगी ब्रह्मनिर्वाणम् ,　　ब्रह्मभूतोऽधिगच्छति ॥ ५.२४

लभन्ते ब्रह्मनिर्वाणम् ,　　ऋषयः क्षीणकल्मषाः ।
छिन्नद् वैधा यतात्मानः ,　　सर्वभूतहिते रताः ॥ ५.२५

कामक्रोधवियुक्तानाम् ,　　यतीनां यतचेतसाम् ।
अभितो ब्रह्मनिर्वाणम् ,　　वर्तते विदितात्मनाम् ॥ ५.२६

स्पर्शान् कृत्वा बहिर् बाह्यान् , चक्षुश् चैवान्तरे भ्रुवोः ।
प्राणापानौ समौ कृत्वा ,　　नासाभ्यन्तरचारिणौ ॥ ५.२७

यतेन्द्रियमनोबुद्धिः ,　　मुनिर् मोक्षपरायणः ।
विगतेच्छाभयक्रोधः ,　　यस् सदा मुक्त एव सः ॥ ५.२८

भोक्तारं यज्ञतपसाम् ,   सर्वलोकमहेश्वरम् ।
सुहृदं सर्वभूतानाम् ,   ज्ञात्वा मां शान्तिम् ऋच्छति ॥ ५.२९

ॐ तत् सत् ।
इति श्रीमद्भगवद्गीतासु उपनिषत्सु ब्रह्मविद्यायां योगशास्त्रे श्रीकृष्णार्जुनसंवादे
कर्म-सन्न्यास-योगो नाम पञ्चमोऽध्यायः ॥ ५॥ (सन्न्यास-योगो नाम)

6 अथ षष्ठोऽध्यायः

श्री भगवान् उवाच

अनाश्रितः कर्मफलम् , कार्यं कर्म करोति यः ।
स सन्न्यासी च योगी च , न निर् अग्निर् न चाक्रियः ॥ ६.१

यं सन्न्यासम् इति प्राहुः , योगं तं विद्धि पाण्डव ।
न ह्यसन्न्यस्तसङ्कल्पः , योगी भवति कश्चन ॥ ६.२

आरुरुक्षोर् मुनेर् योगम् , कर्म कारणम् उच्यते ।
योगारूढस्य तस्यैव , शमः कारणम् उच्यते ॥ ६.३

यदा हि नेन्द्रियार्थेषु , न कर्मस्वनुषज्जते ।
सर्वसङ्कल्पसन्न्यासी , योगारूढस् तदोच्यते ॥ ६.४

उद्धरेदात्मनात्मानम् , नात्मानम् अवसादयेत् ।
आत्मैव ह्यात्मनो बन्धुः , आत्मैव रिपुरात्मनः ॥ ६.५

बन्धुरात्मात्मनस् तस्य , येनात्मैवात्मना जितः ।
अनात्मनस् तु शत्रुत्वे , वर्तेतात्मैव शत्रुवत् ॥ ६.६

जितात्मनः प्रशान्तस्य , परमात्मा समाहितः ।
शीतोष्णसुखदुःखेषु , तथा मानापमानयोः ॥ ६.७

ज्ञानविज्ञानतृप्तात्मा , कूटस्थो विजितेन्द्रियः ।
युक्त इत्युच्यते योगी , समलोष्टाश्मकाञ्चनः ॥ ६.८

सुहृन्मित्रार्युदासीन मध्यस्थद्वेष्यबन्धुषु ।
साधुष्वपि च पापेषु , समबुद्धिर् विशिष्यते ॥ ६.९

योगी युञ्जीत सततम् , आत्मानं रहसि स्थितः ।
एकाकी यतचित्तात्मा , निराशीरपरिग्रहः ॥ ६.१०

शुचौ देशे प्रतिष्ठाप्य , स्थिरमासनमात्मनः ।
नात्युच्छ्रितं नातिनीचम् , चैलाजिनकुशोत्तरम् ॥ ६.११

तत्रैकाग्रं मनॅ कृत्वा , यतचित्तेन्द्रियक्रियः ।
उपविश्यासने युञ्ज्यात् , योगम् आत्मविशुद्धये ॥ ६.१२

समं कायशिरोग्रीवम् , धारयन्नचलं स्थिरः ।
सम्प्रेक्ष्य नासिकाग्रं स्वम् , दिशश् चानवलोकयन् ॥ ६.१३

प्रशान्तात्मा विगतभीः , ब्रह्मचारिव्रते स्थितः ।
मनस् संयम्य मच्चित्तः , युक्त आसीत मत्परः ॥ ६.१४

युञ्जन्नेवं सदात्मानम् , योगी नियतमानसः ।
शान्तिं निर्वाणपरमाम् , मत्संस्थाम् अधिगच्छति ॥ ६.१५

नात्यश्नतस् तु योगोऽस्ति , न चैकान्तम् अनश्नतः ।
न चाति स्वप्नशीलस्य , जाग्रतो नैव चार्जुन ॥ ६.१६

युक्ताहारविहारस्य , युक्तचेष्टस्य कर्मसु ।
युक्तस्वप्नावबोधस्य , योगो भवति दुःखहा ॥ ६.१७

यदा विनियतं चित्तम् , आत्मन्येवावतिष्ठते ।
निःस्पृहस् सर्वकामेभ्यः , युक्त इत्युच्यते तदा ॥ ६.१८

यथा दीपो निवातस्थः , नेङ्गते सोपमा स्मृता ।
योगिनो यतचित्तस्य , युञ्जतो योगमात्मनः ॥ ६.१९

यत्रोपरमते चित्तम् , निरुद्धं योगसेवया ।
यत्र चैवात्मनात्मानम् , पश्यन्नात्मनि तुष्यति ॥ ६.२०

सुखमात्यन्तिकं यत् तत् , बुद्धिग्राह्यमतीन्द्रियम् ।
वेत्ति यत्र न चैवायम् , स्थितश् चलति तत्त्वतः ॥ ६.२१

यं लब्ध्वा चापरं लाभम् , मन्यते नाधिकं ततः ।
यस्मिन् स्थितो न दुःखेन , गुरुणापि विचाल्यते ॥ ६.२२

तं विद्याद् दुःखसंयोग-वियोगं योगसञ्ज्ञितम् ।
स निश्चयेन योक्तव्यः , योगोऽनिर्विण्णचेतसा ॥ ६.२३

सङ्कल्पप्रभवान् कामान् , त्यक्त्वा सर्वान् अशेषतः ।
मनसैवेन्द्रियग्रामम् , विनियम्य समन्ततः ॥ ६.२४

शनैः शनैरुपरमेत् , बुद्ध्या धृतिगृहीतया ।
आत्मसंस्थं मनᳲ कृत्वा , न किञ्चिद् अपि चिन्तयेत् ॥ ६.२५

यतो यतो निश्चरति , मनश् चञ्चलम् अस्थिरम् ।
ततस् ततो नियम्यैतत् , आत्मन्येव वशं नयेत् ॥ ६.२६

प्रशान्तमनसं ह्येनम् , योगिनं सुखम् उत्तमम् ।
उपैति शान्तरजसम् , ब्रह्मभूतम् अकल्मषम् ॥ ६.२७

युञ्जन्नेवं सदात्मानम् , योगी विगतकल्मषः ।
सुखेन ब्रह्मसंस्पर्शम् , अत्यन्तं सुखम् अश्नुते ॥ ६.२८

सर्वभूतस्थमात्मानम् , सर्वभूतानि चात्मनि ।
ईक्षते योगयुक्तात्मा , सर्वत्र समदर्शनः ॥ ६.२९

योमां पश्यति सर्वत्र , सर्वं च मयि पश्यति ।
तस्याहं न प्रणश्यामि , स च मे न प्रणश्यति ॥ ६.३०

सर्वभूतस्थितं यो माम् , भजत्येकत्वमास्थितः ।
सर्वथा वर्तमानोऽपि , स योगी मयि वर्तते ॥ ६.३१

आत्मौपम्येन सर्वत्र , समं पश्यति योऽर्जुन ।
सुखं वा यदि वा दुःखम् , स योगी परमो मतः ॥ ६.३२

अर्जुन उवाच

योऽयं योगस्त्वया प्रोक्तः , साम्येन मधुसूदन ।
एतस्याहं न पश्यामि , चञ्चलत्वात् स्थितिं स्थिराम् ॥ ६.३३

चञ्चलं हि मनᳲ कृष्ण , प्रमाथि बलवद् दृढम् ।
तस्याहं निग्रहं मन्ये , वायोरिव सुदुष्करम् ॥ ६.३४

श्री भगवान् उवाच

असंशयं महाबाहो , मनो दुर्निग्रहं चलम् ।
अभ्यासेन तु कौन्तेय , वैराग्येण च गृह्यते ॥ ६.३५

असंयतात्मना योगः , दुष्प्राप इति मे मतिः ।
वश्यात्मना तु यतता , शक्योऽवाप्तुम् उपायतः ॥ ६.३६

अर्जुन उवाच

अयतिः श्रद्धयोपेतः , योगाच् चलितमानसः ।
अप्राप्य योगसंसिद्धिम् , कां गतिं कृष्ण गच्छति ॥ ६.३७

कच्चिन् नोभयविभ्रष्टः , छिन्नाभ्रमिव नश्यति ।
अप्रतिष्ठो महाबाहो , विमूढो ब्रह्मणᳲ पथि ॥ ६.३८

एतन्मे संशयं कृष्ण , छेत्तुम् अर्हस्यशेषतः ।
त्वदन्यस् संशयस्यास्य , छेत्ता न ह्युपपद्यते ॥ ६.३९

श्री भगवान् उवाच

पार्थ नैवेह नामुत्र , विनाशस् तस्य विद्यते ।
न हि कल्याणकृत् कश्चित् , दुर्गतिं तात गच्छति ॥ ६.४०

प्राप्य पुण्यकृतां लोकान् , उषित्वा शाश्वतीस् समाः ।
शुचीनां श्रीमतां गेहे , योगभ्रष्टोऽभिजायते ॥ ६.४१

अथवा योगिनाम् एव , कुले भवति धीमताम् ।
एतद्धि दुर्लभतरम् , लोके जन्म यदीदृशम् ॥ ६.४२

तत्र तं बुद्धिसंयोगम् , लभते पौर्वदेहिकम् ।
यतते च ततो भूयः , संसिद्धौ कुरुनन्दन ॥ ६.४३

पूर्वाभ्यासेन तेनैव , ह्रियते ह्यवशोऽपि सः ।
जिज्ञासुरपि योगस्य , शब्दब्रह्मातिवर्तते ॥ ६.४४

प्रयत्नाद् यतमानस् तु , योगी संशुद्धकिल्बिषः ।
अनेकजन्मसंसिद्धः , ततो याति परां गतिम् ॥ ६.४५

तपस्विभ्योऽधिको योगी , ज्ञानिभ्योऽपि मतोऽधिकः ।
कर्मिभ्यश् चाधिको योगी , तस्माद् योगी भवार्जुन ॥ ६.४६

योगिनाम् अपि सर्वेषाम् , मद्गतेनान्तरात्मना ।
श्रद्धावान् भजते यो माम् , स मे युक्ततमो मतः ॥ ६.४७

ॐ तत् सत् ।
इति श्रीमद्भगवद्गीतासु उपनिषत्सु ब्रह्मविद्यायां योगशास्त्रे श्रीकृष्णार्जुनसंवादे
आत्मसंयम-योगो नाम षष्ठोऽध्यायः ॥ ६ ॥ (ध्यान-योगो नाम)

7 अथ सप्तमोऽध्यायः

श्री भगवान् उवाच

मय्यासक्तमना॰ पार्थ , योगं युञ्जन् मदाश्रयः ।
असंशयं समग्रं माम् , यथा ज्ञास्यसि तच्छृणु ॥ ७.१

ज्ञानं तेऽहं सविज्ञानम् , इदं वक्ष्याम्यशेषतः ।
यज्ज्ञात्वा नेह भूयोऽन्यत् , ज्ञातव्यम् अवशिष्यते ॥ ७.२

मनुष्याणां सहस्रेषु , कश्चिद् यतति सिद्धये ।
यतताम् अपि सिद्धानाम् , कश्चिन् मां वेत्ति तत्त्वतः ॥ ७.३

भूमिरापोऽनलो वायुः , खं मनो बुद्धिरेव च ।
अहङ्कार इतीयं मे , भिन्ना प्रकृतिर् अष्टधा ॥ ७.४

अपरेयमितस्त्वन्याम् , प्रकृतिं विद्धि मे पराम् ।
जीवभूतां महाबाहो , ययेदं धार्यते जगत् ॥ ७.५

एतद् योनीनि भूतानि , सर्वाणीत्युपधारय ।
अहं कृत्स्नस्य जगतः , प्रभव॰ प्रलयस् तथा ॥ ७.६

मत्त॰ परतरं नान्यत् , किञ्चिद् अस्ति धनञ्जय ।
मयि सर्वमिदं प्रोतम् , सूत्रे मणिगणा इव ॥ ७.७

रसोऽहमप्सु कौन्तेय , प्रभास्मि शशिसूर्ययोः ।
प्रणवस् सर्ववेदेषु , शब्द॰ खे पौरुषं नृषु ॥ ७.८

पुण्यो गन्ध॰ पृथिव्यां च , तेजश् चास्मि विभावसौ ।
जीवनं सर्वभूतेषु , तपश् चास्मि तपस्विषु ॥ ७.९

बीजं मां सर्वभूतानाम् ,   विद्धि पार्थ सनातनम् ।
बुद्धिर् बुद्धिमताम् अस्मि ,   तेजस् तेजस्विनाम् अहम् ॥ ७.१०

बलं बलवतां चाहम् ,   कामरागविवर्जितम् । (बलं बलवतामस्मि)
धर्माविरुद्धो भूतेषु ,   कामोऽस्मि भरतर्षभ ॥ ७.११

ये चैव सात्त्विका भावाः ,   राजसास् तामसाश् च ये ।
मत्त एवेति तान् विद्धि ,   न त्वहं तेषु ते मयि ॥ ७.१२

त्रिभिर् गुणमयैर् भावैः ,   एभिस् सर्वम् इदं जगत् ।
मोहितं नाभिजानाति ,   मामेभ्यᳲ परम् अव्ययम् ॥ ७.१३

दैवी ह्येषा गुणमयी ,   मम माया दुरत्यया ।
मामेव ये प्रपद्यन्ते ,   मायामेतां तरन्ति ते ॥ ७.१४

न मां दुष्कृतिनो मूढाः ,   प्रपद्यन्ते नराधमाः ।
माययापहृतज्ञानाः ,   आसुरं भावमाश्रिताः ॥ ७.१५

चतुर्विधा भजन्ते माम् ,   जनास् सुकृतिनोऽर्जुन ।
आर्तो जिज्ञासुर् अर्थार्थी ,   ज्ञानी च भरतर्षभ ॥ ७.१६

तेषां ज्ञानी नित्ययुक्तः ,   एकभक्तिर् विशिष्यते ।
प्रियो हि ज्ञानिनोऽत्यर्थम् ,   अहं स च मम प्रियः ॥ ७.१७

उदारास् सर्व एवैते ,   ज्ञानी त्वात्मैव मे मतम् ।
आस्थितस् स हि युक्तात्मा ,   मामेवानुत्तमां गतिम् ॥ ७.१८

बहूनां जन्मनाम् अन्ते ,   ज्ञानवान् मां प्रपद्यते ।
वासुदेवस् सर्वम् इति ,   स महात्मा सुदुर्लभः ॥ ७.१९

कामैस् तैस् तैर् हृतज्ञानाः , प्रपद्यन्तेऽन्यदेवताः ।
तं तं नियममास्थाय , प्रकृत्या नियतास् स्वया ॥ ७.२०

यो यो यां यां तनुं भक्तः , श्रद्धयार्चितुम् इच्छति ।
तस्य तस्याचलां श्रद्धाम् , ताम् एव विदधाम्यहम् ॥ ७.२१

स तया श्रद्धया युक्तः , तस्याराधनमीहते ।
लभते च ततः कामान् , मयैव विहितान् हि तान् ॥ ७.२२

अन्तवत् तु फलं तेषाम् , तद्भवत्यल्पमेधसाम् ।
देवान् देवयजो यान्ति , मद्भक्ता यान्ति माम् अपि ॥ ७.२३

अव्यक्तं व्यक्तिमापन्नम् , मन्यन्ते माम् अबुद्धयः ।
परं भावम् अजानन्तः , ममाव्ययम् अनुत्तमम् ॥ ७.२४

नाहं प्रकाशस् सर्वस्य , योगमायासमावृतः ।
मूढोऽयं नाभिजानाति , लोको माम् अजम् अव्ययम् ॥ ७.२५

वेदाहं समतीतानि , वर्तमानानि चार्जुन ।
भविष्याणि च भूतानि , मां तु वेद न कश्चन ॥ ७.२६

इच्छाद्वेषसमुत्थेन , द्वन्द्वमोहेन भारत ।
सर्वभूतानि सम्मोहम् , सर्गे यान्ति परन्तप ॥ ७.२७

येषां त्वन्तगतं पापम् , जनानां पुण्यकर्मणाम् ।
ते द्वन्द्वमोहनिर्मुक्ताः , भजन्ते मां दृढव्रताः ॥ ७.२८

जरामरणमोक्षाय , माम् आश्रित्य यतन्ति ये ।
ते ब्रह्म तद् विदुः कृत्स्नम् , अध्यात्मं कर्म चाखिलम् ॥ ७.२९

साधिभूताधिदैवं माम् ,		साधियज्ञं च ये विदुः ।
प्रयाणकालेऽपि च माम् ,	ते विदुर् युक्तचेतसः ॥ ७.३०

ॐ तत् सत् ।

इति श्रीमद्भगवद्गीतासु उपनिषत्सु ब्रह्मविद्यायां योगशास्त्रे श्रीकृष्णार्जुनसंवादे
ज्ञान-विज्ञान-योगो नाम सप्तमोऽध्यायः ॥ ७॥

8 अथ अष्टमोऽध्यायः

अर्जुन उवाच

किं तद् ब्रह्म किम् अध्यात्मम् , किं कर्म पुरुषोत्तम ।
अधिभूतं च किं प्रोक्तम् , अधिदैवं किम् उच्यते ॥ ८.१

अधियज्ञ× कथं कोऽत्र , देहेऽस्मिन् मधुसूदन ।
प्रयाणकाले च कथम् , ज्ञेयोऽसि नियतात्मभिः ॥ ८.२

श्री भगवान् उवाच

अक्षरं ब्रह्म परमम् , स्वभावोऽध्यात्मम् उच्यते ।
भूतभावोद्भवकरः , विसर्ग× कर्मसञ्ज्ञितः ॥ ८.३

अधिभूतं क्षरो भावः , पुरुषश् चाधिदैवतम् ।
अधियज्ञोऽहमेवात्र , देहे देहभृतां वर ॥ ८.४

अन्तकाले च माम् एव , स्मरन् मुक्त्वा कलेवरम् ।
य× प्रयाति स मद्भावम् , याति नास्त्यत्र संशयः ॥ ८.५

यं यं वापि स्मरन् भावम् , त्यजत्यन्ते कलेवरम् ।
तं तमेवैति कौन्तेय , सदा तद्भावभावितः ॥ ८.६

तस्मात् सर्वेषु कालेषु , माम् अनुस्मर युध्य च ।
मय्यर्_पितमनोबुद्धिः , मामेवैष्यस्यसंशयम् ॥ ८.७ (मामेवैष्यस्यसंशयः)

अभ्यासयोगयुक्तेन , चेतसा नान्यगामिना ।
परमं पुरषं दिव्यम् , याति पार्थानुचिन्तयन् ॥ ८.८

कविं पुराणम् अनुशासितारम् , अणोरणीयांसम् अनुस्मरेद् यः ।
सर्वस्य धातारम् अचिन्त्यरूपम् , आदित्यवर्णं तमस× परस्तात् ॥ ८.९

प्रयाणकाले मनसाचलेन , भक्त्या युक्तो योगबलेन चैव ।
भ्रुवोर् मध्ये प्राणम् आवेश्य सम्यक् , स तं परं पुरुषम् उपैति दिव्यम् ॥ ८.१०

यद् अक्षरं वेदविदो वदन्ति , विशन्ति यद् यतयो वीतरागाः ।
यदिच्छन्तो ब्रह्मचर्यं चरन्ति , तत्ते पदं सङ्ग्रहेण प्रवक्ष्ये ॥ ८.११

सर्वद्वाराणि संयम्य , मनो हृदि निरुध्य च ।
मूध्न्यार्धायात्मनः प्राणम् , आस्थितो योगधारणाम् ॥ ८.१२

ॐ इत्येकाक्षरं ब्रह्म , व्याहरन् माम् अनुस्मरन् ।
यः प्रयाति त्यजन् देहम् , स याति परमां गतिम् ॥ ८.१३

अनन्यचेतास् सततम् , यो मां स्मरति नित्यशः ।
तस्याहं सुलभः पार्थ , नित्ययुक्तस्य योगिनः ॥ ८.१४

माम् उपेत्य पुनर्जन्म , दुःखालयम् अशाश्वतम् ।
नाप्नुवन्ति महात्मानः , संसिद्धिं परमां गताः ॥ ८.१५

आब्रह्मभुवनाल्लोकाः , पुनरावर्तिनोऽर्जुन ।
माम् उपेत्य तु कौन्तेय , पुनर्जन्म न विद्यते ॥ ८.१६

सहस्रयुगपर्यन्तम् , अहर्यद्ब्रह्मणो विदुः ।
रात्रिं युगसहस्रान्ताम् , तेऽहोरात्रविदो जनाः ॥ ८.१७

अव्यक्ताद् व्यक्तयस् सर्वाः, प्रभवन्त्यहरागमे ।
रात्र्यागमे प्रलीयन्ते , तत्रैवाव्यक्तसञ्ज्ञके ॥ ८.१८

भूतग्रामस् स एवायम् , भूत्वा भूत्वा प्रलीयते ।
रात्र्यागमेऽवशः पार्थ , प्रभवत्यहरागमे ॥ ८.१९

परस् तस्मात् तु भावोऽन्यः, अव्यक्तोऽव्यक्तात् सनातनः ।
यस् स सर्वेषु भूतेषु , नश्यत्सु न विनश्यति ॥ ८.२०

अव्यक्तोऽक्षर इत्युक्तः , तमाहुः परमां गतिम् ।
यं प्राप्य न निवर्तन्ते , तद्धाम परमं मम ॥ ८.२१

पुरुषस् स परः पार्थ , भक्त्या लभ्यस् त्वनन्यया ।
यस्यान्तःस्थानि भूतानि , येन सर्वम् इदं ततम् ॥ ८.२२

यत्र काले त्वनावृत्तिम् , आवृत्तिं चैव योगिनः ।
प्रयाता यान्ति तं कालम् , वक्ष्यामि भरतर्षभ ॥ ८.२३

अग्निर् ज्योतिरहः शुक्लः , षण्मासा उत्तरायणम् ।
तत्र प्रयाता गच्छन्ति , ब्रह्म ब्रह्मविदो जनाः ॥ ८.२४

धूमो रात्रिस् तथा कृष्णः , षण्मासा दक्षिणायनम् ।
तत्र चान्द्रमसं ज्योतिः , योगी प्राप्य निवर्तते ॥ ८.२५

शुक्लकृष्णे गती ह्येते , जगतश् शाश्वते मते ।
एकया यात्यनावृत्तिम् , अन्ययावर्तते पुनः ॥ ८.२६ (अन्यायाऽऽवर्तते पुनः)

नैते सृती पार्थ जानन् , योगी मुह्यति कश्चन ।
तस्मात् सर्वेषु कालेषु , योगयुक्तो भवार्जुन ॥ ८.२७

वेदेषु यज्ञेषु तपःसु चैव , दानेषु यत् पुण्यफलं प्रदिष्टम् ।
अत्येति तत् सर्वमिदं विदित्वा , योगी परं स्थानम् उपैति चाद्यम् ॥ ८.२८

ॐ तत् सत् ।
इति श्रीमद्भगवद्गीतासु उपनिषत्सु ब्रह्मविद्यायां योगशास्त्रे श्रीकृष्णार्जुनसंवादे
अक्षर-ब्रह्म-योगो नाम अष्टमोऽध्यायः ॥ ८॥

9 अथ नवमोऽध्यायः

श्री भगवान् उवाच

इदं तु ते गुह्यतमम् , प्रवक्ष्याम्यनसूयवे ।
ज्ञानं विज्ञानसहितम् , यज्ज्ञात्वा मोक्ष्यसेऽशुभात् ॥ ९.१

राजविद्या राजगुह्यम् , पवित्रम् इदम् उत्तमम् ।
प्रत्यक्षावगमं धर्म्यम् , सुसुखं कर्तुम् अव्ययम् ॥ ९.२

अश्रद्दधानाः पुरुषाः , धर्मस्यास्य परन्तप ।
अप्राप्य मां निवर्तन्ते , मृत्युसंसारवर्त्मनि ॥ ९.३

मया ततम् इदं सर्वम् , जगद् अव्यक्तमूर्तिना ।
मत्स्थानि सर्वभूतानि , न चाहं तेष्ववस्थितः ॥ ९.४

न च मत्स्थानि भूतानि , पश्य मे योगमैश्वरम् ।
भूतभृन्न च भूतस्थः , ममात्मा भूतभावनः ॥ ९.५

यथाकाशस्थितो नित्यम् , वायुस् सर्वत्रगो महान् ।
तथा सर्वाणि भूतानि , मत्स्थानीत्युपधारय ॥ ९.६

सर्वभूतानि कौन्तेय , प्रकृतिं यान्ति मामिकाम् ।
कल्पक्षये पुनस् तानि , कल्पादौ विसृजाम्यहम् ॥ ९.७

प्रकृतिं स्वाम् अवष्टभ्य , विसृजामि पुनः पुनः ।
भूतग्रामम् इमं कृत्स्नम् , अवशं प्रकृतेर्वशात् ॥ ९.८

न च मां तानि कर्माणि , निबध्नन्ति धनञ्जय ।
उदासीनवदासीनम् , असक्तं तेषु कर्मसु ॥ ९.९

मयाध्यक्षेण प्रकृतिः , सूयते सचराचरम् ।
हेतुनानेन कौन्तेय , जगद् विपरिवर्तते ॥ ९.१०

अवजानन्ति मां मूढाः , मानुषीं तनुम् आश्रितम् ।
परं भावम् अजानन्तः , मम भूतमहेश्वरम् ॥ ९.११

मोघाशा मोघकर्माणः , मोघज्ञाना विचेतसः ।
राक्षसीम् आसुरीं चैव , प्रकृतिं मोहिनीं श्रिताः ॥ ९.१२

महात्मानस् तु मां पार्थ , दैवीं प्रकृतिम् आश्रिताः ।
भजन्त्यनन्यमनसः , ज्ञात्वा भूतादिम् अव्ययम् ॥ ९.१३

सततं कीर्तयन्तो माम् , यतन्तश्च दृढव्रताः ।
नमस्यन्तश्च मां भक्त्या , नित्ययुक्ता उपासते ॥ ९.१४

ज्ञानयज्ञेन चाप्यन्ये , यजन्तो माम् उपासते ।
एकत्वेन पृथक्त्वेन , बहुधा विश्वतोमुखम् ॥ ९.१५

अहं क्रतुरहं यज्ञः , स्वधाहमहमौषधम् ।
मन्त्रोऽहमहमेवाज्यम् , अहम् अग्निर् अहं हुतम् ॥ ९.१६

पिताहमस्य जगतः , माता धाता पितामहः ।
वेद्यं पवित्रम् ओङ्कारः , ऋक् साम यजुर् एव च ॥ ९.१७ (ॐकारः)

गतिर् भर्ता प्रभुस् साक्षी , निवासश् शरणं सुहृत् ।
प्रभवः प्रलयस् स्थानम् , निधानं बीजम् अव्ययम् ॥ ९.१८

तपाम्यहमहं वर्षम् , *निगृह्णाम्युत्सृजामि* च ।
अमृतं चैव मृत्युश्च , सद् असच्चाहम् अर्जुन ॥ ९.१९

त्रैविद्या मां सोमपाः पूतपापाः ,   यज्ञैरिष्ट्वा स्वर्गतिं प्रार्थयन्ते ।
ते पुण्यमासाद्य सुरेन्द्रलोकम् ,   अश्नन्ति दिव्यान् दिवि देवभोगान् ॥ ९.२०

ते तं भुक्त्वा स्वर्गलोकं विशालम् ,   क्षीणे पुण्ये मर्त्यलोकं विशन्ति ।
एवं त्रयीधर्मम् अनुप्रपन्नाः ,   गतागतं कामकामा लभन्ते ॥ ९.२१

अनन्याश् चिन्तयन्तो माम् ,   ये जनाः पर्युपासते ।
तेषां नित्याभियुक्तानाम् ,   योगक्षेमं वहाम्यहम् ॥ ९.२२

येऽप्यन्यदेवता भक्ताः ,   यजन्ते श्रद्धयान्विताः ।
तेऽपि मामेव कौन्तेय ,   यजन्त्यविधिपूर्वकम् ॥ ९.२३

अहं हि सर्वयज्ञानाम् ,   भोक्ता च प्रभुरेव च ।
न तु माम् अभिजानन्ति ,   तत्त्वेनातश् च्यवन्ति ते ॥ ९.२४

यान्ति देवव्रता देवान् ,   पितॄन्यान्ति पितृव्रताः ।
भूतानि यान्ति भूतेज्याः ,   यान्ति मद्याजिनोऽपि माम् ॥ ९.२५

पत्रं पुष्पं फलं तोयम् ,   यो मे भक्त्या प्रयच्छति ।
तद् अहं भक्त्युपहृतम् ,   अश्नामि प्रयतात्मनः ॥ ९.२६

यत् करोषि यद् अश्नासि ,   यज्जुहोषि ददासि यत् ।
यत् तपस्यसि कौन्तेय ,   तत् कुरुष्व मदर्पणम् ॥ ९.२७

शुभाशुभफलैरेवम् ,   मोक्ष्यसे कर्मबन्धनैः ।
सन्न्यासयोगयुक्तात्मा ,   विमुक्तो माम् उपैष्यसि ॥ ९.२८

समोऽहं सर्वभूतेषु ,   न मे द्वेष्योऽस्ति न प्रियः ।
ये भजन्ति तु मां भक्त्या ,   मयि ते तेषु चाप्यहम् ॥ ९.२९

अपि चेत् सुदुराचारः , भजते माम् अनन्यभाक् ।
साधुरेव स मन्तव्यः , सम्यग् व्यवसितो हि सः ॥ ९.३०

क्षिप्रं भवति धर्मात्मा , शश्वच्छान्तिं निगच्छति ।
कौन्तेय प्रतिजानीहि , न मे भक्तः प्रणश्यति ॥ ९.३१

मां हि पार्थ व्यपाश्रित्य , येऽपि स्युः पापयोनयः ।
स्त्रियो वैश्यास् तथा शूद्राः , तेऽपि यान्ति परां गतिम् ॥ ९.३२

किं पुनर् ब्राह्मणाः पुण्याः , भक्ता राजर्षयस् तथा ।
अनित्यम् असुखं लोकम् , इमं प्राप्य भजस्व माम् ॥ ९.३३

मन्मना भव मद्भक्तः , मद्याजी मां नमस्कुरु ।
मामेवैष्यसि युक्त्वैवम् , आत्मानं मत्परायणः ॥ ९.३४

ॐ तत् सत् ।

इति श्रीमद्भगवद्गीतासु उपनिषत्सु ब्रह्मविद्यायां योगशास्त्रे श्रीकृष्णार्जुनसंवादे राजविद्या-राजगुह्य-योगो नाम नवमोऽध्यायः ॥ ९॥

10 अथ दशमोऽध्यायः

श्री भगवान् उवाच

भूय एव महाबाहो , श्रृणु मे परमं वचः ।
यत्तेऽहं प्रीयमाणाय , वक्ष्यामि हितकाम्यया ॥ १०.१

न मे विदुस् सुरगणाः , प्रभवं न महर्षयः ।
अहम् आदिर् हि देवानाम् , महर्षीणां च सर्वशः ॥ १०.२

यो माम् अजम् अनादिं च , वेत्ति लोकमहेश्वरम् ।
असम्मूढस् स मर्त्येषु , सर्वपापैः प्रमुच्यते ॥ १०.३

बुद्धिर् ज्ञानम् असम्मोहः , क्षमा सत्यं दमश् शमः ।
सुखं दुःखं भवोऽभावः , भयं चाभयम् एव च ॥ १०.४

अहिंसा समता तुष्टिः , तपो दानं यशोऽयशः ।
भवन्ति भावा भूतानाम् , मत्त एव पृथग्विधाः ॥ १०.५

महर्षयस् सप्त पूर्वे , चत्वारो मनवस् तथा ।
मद्भावा मानसा जाताः , येषां लोक इमाः प्रजाः ॥ १०.६

एतां विभूतिं योगं च , मम यो वेत्ति तत्त्वतः ।
सोऽविकम्पेन योगेन , युज्यते नात्र संशयः ॥ १०.७

अहं सर्वस्य प्रभवः , मत्तस् सर्वं प्रवर्तते ।
इति मत्वा भजन्ते माम् , बुधा भावसमन्विताः ॥ १०.८

मच्चित्ता मद्गतप्राणाः , बोधयन्तः परस्परम् ।
कथयन्तश्च मां नित्यम् , तुष्यन्ति च रमन्ति च ॥ १०.९

तेषां सततयुक्तानाम् ,　　भजतां प्रीतिपूर्वकम् ।
ददामि बुद्धियोगं तम् ,　　येन माम् उपयान्ति ते ॥ १०.१०

तेषाम् एवानुकम्पार्थम् ,　　अहम् अज्ञानजं तमः ।
नाशयाम्यात्मभावस्थः ,　　ज्ञानदीपेन भास्वता ॥ १०.११

अर्जुन उवाच

परं ब्रह्म परं धाम ,　　पवित्रं परमं भवान् ।
पुरुषं शाश्वतं दिव्यम् ,　　आदिदेवम् अजं विभुम् ॥ १०.१२

आहुस् त्वाम् ऋषयस् सर्वे ,　　देवर्षिर् नारदस् तथा ।
असितो देवलो व्यासः ,　　स्वयं चैव ब्रवीषि मे ॥ १०.१३

सर्वम् एतद् ऋतं मन्ये ,　　यन्मां वदसि केशव ।
न हि ते भगवन् व्यक्तिम् ,　　विदुर् देवा न दानवाः ॥ १०.१४

स्वयम् एवात्मनात्मानम् ,　　वेत्थ त्वं पुरुषोत्तम ।
भूतभावन भूतेश ,　　देवदेव जगत्पते ॥ १०.१५

वक्तुम् अर्हस्यशेषेण ,　　दिव्या ह्यात्मविभूतयः ।
याभिर् विभूतिभिर् लोकान् ,　　इमांस्त्वं व्याप्य तिष्ठसि ॥ १०.१६

कथं विद्यामहं योगिन् ,　　त्वां सदा परिचिन्तयन् ।
केषु केषु च भावेषु ,चिन्त्योऽसि भगवन् मया ॥ १०.१७

विस्तरेणात्मनो योगम् ,　　विभूतिं च जनार्दन ।
भूयꣳ कथय तृप्तिर् हि ,　　शृण्वतो नास्ति मेऽमृतम् ॥ १०.१८

श्री भगवान् उवाच

हन्त ते कथयिष्यामि ,　　दिव्या ह्यात्मविभूतयः ।
प्राधान्यतꣳ कुरुश्रेष्ठ ,　　नास्त्यन्तो विस्तरस्य मे ॥ १०.१९

अहम् आत्मा गुडाकेश , सर्वभूताशयस्थितः ।
अहम् आदिश्च मध्यं च , भूतानामन्त एव च ॥ १०.२०

आदित्यानाम् अहं विष्णुः , ज्योतिषां रविर् अंशुमान् ।
मरीचिर् मरुताम् अस्मि , नक्षत्राणाम् अहं शशी ॥ १०.२१

वेदानां सामवेदोऽस्मि , देवानाम् अस्मि वासवः ।
इन्द्रियाणां मनश् चास्मि , भूतानाम् अस्मि चेतना ॥ १०.२२

रुद्राणां शङ्करश् चास्मि , वित्तेशो यक्षरक्षसाम् ।
वसूनां पावकश् चास्मि , मेरुश् शिखरिणाम् अहम् ॥ १०.२३

पुरोधसां च मुख्यं माम् , विद्धि पार्थ बृहस्पतिम् ।
सेनानीनाम् अहं स्कन्दः , सरसाम् अस्मि सागरः ॥ १०.२४

महर्षीणां भृगुर् अहम् , गिराम् अस्म्येकम् अक्षरम् ।
यज्ञानां जपयज्ञोऽस्मि , स्थावराणां हिमालयः ॥ १०.२५

अश्वत्थस् सर्ववृक्षाणाम् , देवर्षीणां च नारदः ।
गन्धर्वाणां चित्ररथः , सिद्धानां कपिलो मुनिः ॥ १०.२६

उच्चैःश्रवसम् अश्वानाम् , विद्धि माम् अमृतोद्भवम् ।
ऐरावतं गजेन्द्राणाम् , नराणां च नराधिपम् ॥ १०.२७

आयुधानाम् अहं वज्रम् , धेनूनाम् अस्मि कामधुक् ।
प्रजनश् चास्मि कन्दर्पः , सर्पाणाम् अस्मि वासुकिः ॥ १०.२८

अनन्तश् चास्मि नागानाम् , वरुणो यादसाम् अहम् ।
पितृणाम् अर्यमा चास्मि , यमस् संयमताम् अहम् ॥ १०.२९

प्रह्लादश् चास्मि दैत्यानाम् , कालः कलयतामहम् ।
मृगाणां च मृगेन्द्रोऽहम् , वैनतेयश्च पक्षिणाम् ॥ १०.३०

पवनः पवताम् अस्मि , रामश् शस्त्रभृतामहम् ।
झषाणां मकरश् चास्मि , स्रोतसाम् अस्मि ***जाह्नवी*** ॥ १०.३१

सर्गाणाम् आदिरन्तश्च , मध्यं चैवाहम् अर्जुन ।
अध्यात्मविद्या विद्यानाम् , वादः प्रवदताम् अहम् ॥ १०.३२

अक्षराणाम् अकारोऽस्मि , द्वन्द्वस् सामासिकस्य च ।
अहम् एवाक्षयः कालः , धाताहं विश्वतोमुखः ॥ १०.३३

मृत्युस् सर्वहरश् चाहम् , उद्भवश्च भविष्यताम् ।
कीर्तिः श्रीर्वाक् च नारीणाम् ,स्मृतिर् मेधा धृतिः क्षमा ॥ १०.३४

बृहत्साम तथा साम्नाम् , गायत्री छन्दसाम् अहम् ।
मासानां मार्गशीर्षोऽहम् , ऋतूनां कुसुमाकरः ॥ १०.३५

द्यूतं छलयताम् अस्मि , तेजस् तेजस्विनाम् अहम् ।
जयोऽस्मि व्यवसायोऽस्मि , सत्त्वं सत्त्ववताम् अहम् ॥ १०.३६

वृष्णीनां वासुदेवोऽस्मि , पाण्डवानां धनञ्जयः ।
मुनीनाम् अप्यहं व्यासः , कवीनाम् उशना कविः ॥ १०.३७

दण्डो दमयताम् अस्मि , नीतिर् अस्मि जिगीषताम् ।
मौनं चैवास्मि गुह्यानाम् , ज्ञानं ज्ञानवताम् अहम् ॥ १०.३८

यच्चापि सर्वभूतानाम् , बीजं तद् अहम् अर्जुन ।
न तदस्ति विना यत् स्यात् , मया भूतं चराचरम् ॥ १०.३९

नान्तोऽस्ति मम दिव्यानाम् , विभूतीनां परन्तप ।
एष तूद्देशतꭗ प्रोक्तः ,   विभूतेर् विस्तरो मया ॥ १०.४०

यद् यद् विभूतिमत् सत्त्वम् , श्रीमद् ऊर्जितम् एव वा ।
तत् तद् एवावगच्छ-त्वम् , मम तेजोंऽशसम्भवम् ॥ १०.४१ (तेजः अंश-सम्भवम्)

अथवा बहुनैतेन ,   किं ज्ञातेन तवार्जुन ।
विष्टभ्याहम् इदं कृत्स्नम् ,   एकांशेन स्थितो जगत् ॥ १०.४२

ॐ तत् सत् ।
इति श्रीमद्भगवद्गीतासु उपनिषत्सु ब्रह्मविद्यायां योगशास्त्रे श्रीकृष्णार्जुनसंवादे
विभूति-योगो नाम दशमोऽध्यायः ॥ १० ॥

ॐ श्री परमात्मने नमः ।

11 अथ एकादशोऽध्यायः

अर्जुन उवाच

मदनुग्रहाय परमम्, गुह्यम् अध्यात्मसञ्ज्ञितम् ।
यत् त्वयोक्तं वचस्तेन, मोहोऽयं विगतो मम ॥ ११.१

भवाप्ययौ हि भूतानाम्, श्रुतौ विस्तरशो मया ।
त्वत्त× कमलपत्राक्ष, माहात्म्यम् अपि चाव्ययम् ॥ ११.२

एवम् एतद् यथात्थ त्वम्, आत्मानं परमेश्वर ।
द्रष्टुम् इच्छामि ते रूपम्, ऐश्वरं पुरुषोत्तम ॥ ११.३

मन्यसे यदि तच्छक्यम्, मया द्रष्टुम् इति प्रभो ।
योगेश्वर ततो मे त्वम्, दर्शयात्मानम् अव्ययम् ॥ ११.४

श्री भगवान् उवाच

पश्य मे पार्थ रूपाणि, शतशोऽथ सहस्रशः ।
नानाविधानि दिव्यानि, नानावर्णाकृतीनि च ॥ ११.५

पश्यादित्यान् वसून् रुद्रान्, अश्विनौ मरुतस् तथा ।
बहून्यदृष्टपूर्वाणि, पश्याश्चर्याणि भारत ॥ ११.६

इहैकस्थं जगत् कृत्स्नम्, पश्याद्य सचराचरम् ।
मम देहे गुडाकेश, यच्चान्यद् द्रष्टुम् इच्छसि ॥ ११.७

न तु मां शक्यसे द्रष्टुम्, अनेनैव स्वचक्षुषा ।
दिव्यं ददामि ते चक्षुः, पश्य मे योगम् ऐश्वरम् ॥ ११.८

सञ्जय उवाच

एवम् उक्त्वा ततो राजन्, महायोगेश्वरो हरिः ।
दर्शयामास पार्थाय, परमं रूपम् ऐश्वरम् ॥ ११.९

अनेकवक्त्रनयनम् , अनेकाद्भुतदर्शनम् ।
अनेकदिव्याभरणम् , दिव्यानेकोद्यतायुधम् ॥ ११.१०

दिव्यमाल्याम्बरधरम् , दिव्यगन्धानुलेपनम् ।
सर्वाश्चर्यमयं देवम् , अनन्तं विश्वतोमुखम् ॥ ११.११

दिवि सूर्यसहस्रस्य , भवेद् युगपद् उत्थिता ।
यदि भास् सदृशी सा स्यात् , भासस् तस्य महात्मनः ॥ ११.१२

तत्रैकस्थं जगत् कृत्स्नम् , प्रविभक्तम् अनेकधा ।
अपश्यद् देवदेवस्य , शरीरे पाण्डवस् तदा ॥ ११.१३

ततस् स विस्मयाविष्टः , हृष्टरोमा धनञ्जयः ।
प्रणम्य शिरसा देवम् , कृताञ्जलिर् अभाषत ॥ ११.१४

अर्जुन उवाच

पश्यामि देवांस्तव देव देहे , सर्वांस्तथा भूतविशेषसङ्घान् ।
ब्रह्माणम् ईशं कमलासनस्थम् , ऋषींश्च सर्वान् उरगांश्च दिव्यान् ॥ ११.१५

अनेकबाहूदरवक्त्रनेत्रम् , पश्यामि त्वां सर्वतोऽनन्तरूपम् ।
नान्तं न मध्यं न पुनस् तवादिम् , पश्यामि विश्वेश्वर विश्वरूप ॥ ११.१६

किरीटिनं गदिनं चक्रिणं च , तेजोराशिं सर्वतो दीप्तिमन्तम् ।
पश्यामि त्वां दुर्निरीक्ष्यं समन्तात् , दीप्तानलार्कद्युतिम् अप्रमेयम् ॥ ११.१७

त्वम् अक्षरं परमं वेदितव्यम् , त्वम् अस्य विश्वस्य परं निधानम् ।
त्वम् अव्ययश् शाश्वतधर्मगोप्ता , सनातनस्त्वं पुरुषो मतो मे ॥ ११.१८

अनादिमध्यान्तम् अनन्तवीर्यम् , अनन्तबाहुं शशिसूर्यनेत्रम् ।
पश्यामि त्वां दीप्तहुताशवक्त्रम् , स्वतेजसा विश्वम् इदं तपन्तम् ॥ ११.१९

द्यावापृथिव्योर् इदम् अन्तरं हि , व्याप्तं त्वयैकेन दिशश्च सर्वाः ।
दृष्ट्वाद्भुतं रूपम् उग्रं तवेदम् , लोकत्रयं प्रव्यथितं महात्मन् ॥ ११.२०

अमी हि त्वां सुरसङ्घा विशन्ति , केचिद्भीताः प्राञ्जलयो गृणन्ति ।
स्वस्तीत्युक्त्वा महर्षिसिद्धसङ्घाः , स्तुवन्ति त्वां स्तुतिभिः पुष्कलाभिः ॥ ११.२१

रुद्रादित्या वसवो ये च साध्याः , विश्वेऽश्विनौ मरुतश्चोष्मपाश्च ।
गन्धर्वयक्षासुरसिद्धसङ्घाः , वीक्षन्ते त्वां विस्मिताश्चैव सर्वे ॥ ११.२२

रूपं महत्ते बहुवक्त्रनेत्रम् , महाबाहो बहुबाहूरुपादम् ।
बहूदरं बहुदंष्ट्राकरालम् , दृष्ट्वा लोकाः प्रव्यथितास् तथाहम् ॥ ११.२३

नभःस्पृशं दीप्तम् अनेकवर्णम् , व्यात्ताननं दीप्तविशालनेत्रम् ।
दृष्ट्वा हि त्वां प्रव्यथितान्तरात्मा , धृतिं न विन्दामि शमं च विष्णो ॥ ११.२४

दंष्ट्राकरालानि च ते मुखानि , दृष्ट्वैव कालानलसन्निभानि ।
दिशो न जाने न लभे च शर्म , प्रसीद देवेश जगन्निवास ॥ ११.२५

अमि च त्वां धृतराष्ट्रस्य पुत्राः , सर्वे सहैवावनिपालसङ्घैः ।
भीष्मो द्रोणस् सूतपुत्रस् तथासौ , सहास्मदीयैर् अपि योधमुख्यैः ॥ ११.२६

वक्त्राणि ते त्वरमाणा विशन्ति , दंष्ट्राकरालानि भयानकानि ।
केचिद् विलग्ना दशनान्तरेषु , सन्दृश्यन्ते चूर्णितैर् उत्तमाङ्गैः ॥ ११.२७

यथा नदीनां बहवोऽम्बुवेगाः , समुद्रम् एवाभिमुखा द्रवन्ति ।
तथा तवामी नरलोकवीराः , विशन्ति वक्त्राण्यभिविज्वलन्ति ॥ ११.२८

यथा प्रदीप्तं ज्वलनं पतङ्गाः , विशन्ति नाशाय समृद्धवेगाः ।
तथैव नाशाय विशन्ति लोकाः , तवापि वक्त्राणि समृद्धवेगाः ॥ ११.२९

लेलिह्यसे ग्रसमानस् समन्तात् , लोकान् समग्रान् वदनैर् ज्वलद्भिः ।
तेजोभिर् आपूर्य जगत् समग्रम् , भासस् तवोग्राः प्रतपन्ति विष्णो ॥ ११.३०

आख्याहि मे को भवान् उग्ररूपः , नमोऽस्तु ते देववर प्रसीद ।
विज्ञातुम् इच्छामि भवन्तम् आद्यम् , न हि प्रजानामि तव प्रवृत्तिम् ॥ ११.३१

श्री भगवान् उवाच

कालोऽस्मि लोकक्षयकृत्प्रवृद्धः , लोकान् समाहर्तुम् इह प्रवृत्तः ।
ऋतेऽपि त्वां न भविष्यन्ति सर्वे , येऽवस्थिताः प्रत्यनीकेषु योधाः ॥ ११.३२

तस्मात् त्वम् उत्तिष्ठ यशो लभस्व , जित्वा शत्रून् भुङ्क्ष्व राज्यं समृद्धम् ।
मयैवैते निहताः पूर्वम् एव , निमित्तमात्रं भव सव्यसाचिन् ॥ ११.३३

द्रोणं च भीष्मं च जयद्रथं च , कर्णं तथान्यान् अपि योधवीरान् ।
मया हतांस्त्वं जहि मा व्यथिष्ठाः , युध्यस्व जेतासि रणे सपत्नान् ॥ ११.३४

सञ्जय उवाच

एतच्छ्रुत्वा वचनं केशवस्य , कृताञ्जलिर् वेपमानः किरीटी ।
नमस्कृत्वा भूय एवाह कृष्णम् , सगद्गदं भीतभीतः प्रणम्य ॥ ११.३५

अर्जुन उवाच

स्थाने हृषीकेश तव प्रकीर्त्या , जगत् प्रहृष्यत्यनुरज्यते च ।
रक्षांसि भीतानि दिशो द्रवन्ति , सर्वे नमस्यन्ति च सिद्धसङ्घाः ॥ ११.३६

कस्माच्च ते न नमेरन् महात्मन् , गरीयसे ब्रह्मणोऽप्यादिकर्त्रे ।
अनन्त देवेश जगन्निवास , त्वम् अक्षरं सद् असत् तत् परं यत् ॥ ११.३७

त्वम् आदिदेवः पुरुषः पुराणः , त्वम् अस्य विश्वस्य परं निधानम् ।
वेत्तासि वेद्यं च परं च धाम , त्वया ततं विश्वम् अनन्तरूप ॥ ११.३८

वायुर् यमोऽग्निर् वरुणश् शशाङ्कः , प्रजापतिस् त्वं प्रपितामहश्च ।
नमो नमस्तेऽस्तु सहस्रकृत्वः , पुनश्च भूयोऽपि नमो नमस्ते ॥ ११.३९

नमᳲ पुरस्ताद् अथ पृष्ठतस् ते , नमोऽस्तु ते सर्वत एव सर्व ।
अनन्तवीर्यामितविक्रमस् त्वम् , सर्वं समाप्नोषि ततोऽसि सर्वः ॥ ११.४०

सखेति मत्वा प्रसभं यद् उक्तम् , हे कृष्ण हे यादव हे सखेति ।
अजानता महिमानं तवेदम् , मया प्रमादात् प्रणयेन वापि ॥ ११.४१

यच्चावहासार्थम् असत्कृतोऽसि , विहारशय्यासनभोजनेषु ।
एकोऽथवाप्यच्युत तत् समक्षम् , तत् क्षामये त्वाम् अहम् अप्रमेयम् ॥ ११.४२

पितासि लोकस्य चराचरस्य , त्वम् अस्य पूज्यश्च गुरुर् गरीयान् ।
न त्वत्समोऽस्त्यभ्यधिकᳲ कुतोऽन्यः, लोकत्रयेऽप्यप्रतिमप्रभाव ॥ ११.४३

तस्मात् प्रणम्य प्रणिधाय कायम् , प्रसादये त्वाम् अहम् ईशम् ईड्यम् ।
पितेव पुत्रस्य सखेव सख्युः , प्रियᳲ प्रियायार्हसि देव सोढुम् ॥ ११.४४

अदृष्टपूर्वं हृषितोऽस्मि दृष्ट्वा , भयेन च प्रव्यथितं मनो मे ।
तदेव मे दर्शय देवरूपम् , प्रसीद देवेश जगन्निवास ॥ ११.४५

किरीटिनं गदिनं चक्रहस्तम् , इच्छामि त्वां द्रष्टुम् अहं तथैव ।
तेनैव रूपेण चतुर्भुजेन , सहस्रबाहो भव विश्वमूर्ते ॥ ११.४६

श्री भगवान् उवाच

मया प्रसन्नेन तवार्जुनेदम् , रूपं परं दर्शितम् आत्मयोगात् ।
तेजोमयं विश्वम् अनन्तम् आद्यम् , यन्मे त्वद् अन्येन न दृष्टपूर्वम् ॥ ११.४७

न वेदयज्ञाध्ययनैर् न दानैः , न च क्रियाभिर् न तपोभिर् उग्रैः ।
एवंरूपश् शक्य अहं नृलोके , द्रष्टुं त्वद् अन्येन कुरुप्रवीर ॥ ११.४८

मा ते व्यथा मा च विमूढभावः ,　　दृष्ट्वा रूपं घोरम् ईदृङ् ममेदम् ।
व्यपेतभीः प्रीतमनाः पुनस् त्वम् ,　　तद् एव मे रूपम् इदं प्रपश्य ॥ ११.४९

सञ्जय उवाच

इत्यर्जुनं वासुदेवस् तथोक्त्वा ,　　स्वकं रूपं दर्शयामास भूयः ।
आश्वासयामास च भीतम् एनम् ,　　भूत्वा पुनस् सौम्यवपुर् महात्मा ॥ ११.५०

अर्जुन उवाच

दृष्ट्वेदं मानुषं रूपम् ,　　तव सौम्यं जनार्दन ।
इदानीम् अस्मि संवृत्तः ,　　सचेताः प्रकृतिं गतः ॥ ११.५१

श्री भगवान् उवाच

सुदुर्दर्शम् इदं रूपम् ,　　दृष्टवानसि यन्मम ।
देवा अप्यस्य रूपस्य ,　　नित्यं दर्शनकाङ्क्षिणः ॥ ११.५२

नाहं वेदैर्न तपसा ,　　न दानेन न चेज्यया ।
शक्य एवंविधो द्रष्टुम् ,　　दृष्टवानसि मां यथा ॥ ११.५३

भक्त्या त्वनन्यया शक्यः ,　　अहम् एवंविधोऽर्जुन ।
ज्ञातुं द्रष्टुं च तत्त्वेन ,　　प्रवेष्टुं च परन्तप ॥ ११.५४

मत्कर्मकृन् मत्परमः ,　　मद्भक्तस् सङ्गवर्जितः ।
निर्वैरस् सर्वभूतेषु ,　　यस् स माम् एति पाण्डव ॥ ११.५५

ॐ तत् सत् ।
इति श्रीमद्भगवद्गीतासु उपनिषत्सु ब्रह्मविद्यायां योगशास्त्रे श्रीकृष्णार्जुनसंवादे
विश्व-रूप-दर्शन-योगो नाम एकादशोऽध्यायः ॥ ११ ॥

12 अथ द्वादशोऽध्यायः

अर्जुन उवाच

एवं सततयुक्ता ये , भक्तास् त्वां पर्युपासते ।
ये चाप्यक्षरम् अव्यक्तम् , तेषां के योगवित्तमाः ॥ १२.१

श्री भगवान् उवाच

मय्यावेश्य मनो ये माम् , नित्ययुक्ता उपासते ।
श्रद्धया परयोपेताः , ते मे युक्ततमा मताः ॥ १२.२

ये त्वक्षरम् अनिर्देश्यम् , अव्यक्तं पर्युपासते ।
सर्वत्रगम् अचिन्त्यं च , कूटस्थम् अचलं ध्रुवम् ॥ १२.३

सन्नियम्येन्द्रियग्रामम् , सर्वत्र समबुद्धयः ।
ते प्राप्नुवन्ति माम् एव , सर्वभूतहिते रताः ॥ १२.४

क्लेशोऽधिकतरस् तेषाम् , अव्यक्तासक्तचेतसाम् ।
अव्यक्ता हि गतिर् दुःखम् , देहवद्भिर् अवाप्यते ॥ १२.५

ये तु सर्वाणि कर्माणि , मयि सन्न्यस्य मत्पराः ।
अनन्येनैव योगेन , मां ध्यायन्त उपासते ॥ १२.६

तेषाम् अहं समुद्धर्ता , मृत्युसंसारसागरात् ।
भवामि नचिरात् पार्थ , मय्यावेशितचेतसाम् ॥ १२.७

मय्येव मन आधत्स्व , मयि बुद्धिं निवेशय ।
निवसिष्यसि मय्येव , अत ऊर्ध्वं न संशयः ॥ १२.८

अथ चित्तं समाधातुम् , न शक्नोषि मयि स्थिरम् ।
अभ्यासयोगेन ततः , माम् इच्छाप्तुं धनञ्जय ॥ १२.९

अभ्यासेऽप्यसमर्थोऽसि ,   मत्कर्मपरमो भव ।
मदर्थम् अपि कर्माणि ,   कुर्वन् सिद्धिम् अवाप्स्यसि ॥ १२.१०

अथैतदप्यशक्तोऽसि ,   कर्तुं मद्योगम् आश्रितः ।
सर्वकर्मफलत्यागम् ,   ततः कुरु यतात्मवान् ॥ १२.११

श्रेयो हि ज्ञानम् अभ्यासात् , ज्ञानाद् ध्यानं विशिष्यते ।
ध्यानात् कर्मफलत्यागः ,   त्यागाच्छान्तिर् अनन्तरम् ॥ १२.१२

अद्वेष्टा सर्वभूतानाम् ,   मैत्रः करुण एव च ।
निर्ममो निर् अहङ्कारः ,   समदुःखसुखः क्षमी ॥ १२.१३

सन्तुष्टस् सततं योगी ,   यतात्मा दृढनिश्चयः ।
मय्यर्पितमनोबुद्धिः ,   यो मद्भक्तस् स मे प्रियः ॥ १२.१४

यस्मान् नोद्विजते लोकः ,   लोकान् नोद्विजते च यः ।
हर्षामर्षभयोद् वेगैः ,   मुक्तो यस् स च मे प्रियः ॥ १२.१५

अनपेक्षः शुचिर्दक्षः ,   उदासीनो गतव्यथः ।
सर्वारम्भपरित्यागी ,   यो मद्भक्तस् स मे प्रियः ॥ १२.१६

यो न हृष्यति न द्वेष्टि ,   न शोचति न काङ्क्षति ।
शुभाशुभपरित्यागी ,   भक्तिमान्यस् स मे प्रियः ॥ १२.१७

समश् शत्रौ च मित्रे च ,   तथा मानापमानयोः ।
शीतोष्णसुखदुःखेषु ,   समस् सङ्गविवर्जितः ॥ १२.१८

तुल्यनिन्दास्तुतिर् मौनी ,   सन्तुष्टो येन केनचित् ।
अनिकेतस् स्थिरमतिः ,   भक्तिमान् मे प्रियो नरः ॥ १२.१९

ये तु धर्म्यामृतम् इदम् ,	यथोक्तं पर्युपासते ।
श्रद्दधाना मत्परमाः ,	भक्तास् तेऽतीव मे प्रियाः ॥ १२.२०

ॐ तत् सत् । इति श्रीमद्भगवद्गीतासु उपनिषत्सु ब्रह्मविद्यायां योगशास्त्रे
श्रीकृष्णार्जुनसंवादे भक्ति-योगो नाम द्वादशोऽध्यायः ॥ १२॥

13 अथ त्रयोदशोऽध्यायः

Some editions of the Gita have this extra verse.

अर्जुन उवाच

प्रकृतिं पुरुषं चैव , क्षेत्रं क्षेत्रज्ञम् एव च ।
एतद् वेदितुम् इच्छामि , ज्ञानं ज्ञेयं च केशव ॥

This changes the count of verses in the Gita from 700 to 701.

श्री भगवान् उवाच

इदं शरीरं कौन्तेय ,क्षेत्रम् इत्यभिधीयते ।
एतद् यो वेत्ति तं प्राहुः , क्षेत्रज्ञ इति तद्विदः ॥ १३.१

क्षेत्रज्ञं चापि मां विद्धि , सर्वक्षेत्रेषु भारत ।
क्षेत्रक्षेत्रज्ञयोर् ज्ञानम् , यत् तज्ज्ञानं मतं मम ॥ १३.२

तत् क्षेत्रं यच्च यादृक् च , यद्विकारि यतश्च यत् ।
स च यो यत्प्रभावश् च , तत् समासेन मे शृणु ॥ १३.३

ऋषिभिर् बहुधा गीतम् , छन्दोभिर् विविधैः पृथक् ।
ब्रह्मसूत्रपदैश् चैव , हेतुमद्भिर् विनिश्चितैः ॥ १३.४

महाभूतान्यहङ्कारः , बुद्धिर् अव्यक्तम् एव च ।
इन्द्रियाणि दशैकं च , पञ्च चेन्द्रियगोचराः ॥ १३.५

इच्छा द्वेषस् सुखं दुःखम् , सङ्घातश् चेतना धृतिः ।
एतत् क्षेत्रं समासेन , सविकारम् उदाहृतम् ॥ १३.६

अमानित्वम् अदम्भित्वम् , अहिंसा क्षान्तिर् आर्जवम् ।
आचार्योपासनं शौचम् , स्थैर्यम् आत्मविनिग्रहः ॥ १३.७

इन्द्रियार्थेषु वैराग्यम् ,		अनहङ्कार एव च ।
जन्म मृत्यु जरा व्याधि दुःख दोषानुदर्शनम् ॥ १३.८

असक्तिर् अनभिष्वङ्गः ,		पुत्र दार गृहादिषु ।
नित्यं च समचित्तत्वम् ,		इष्टानिष्टोपपत्तिषु ॥ १३.९

मयि चानन्ययोगेन ,		भक्तिर् अव्यभिचारिणी ।
विविक्तदेशसेवित्वम् ,		अरतिर् जनसंसदि ॥ १३.१०

अध्यात्मज्ञाननित्यत्वम् ,		तत्त्वज्ञानार्थदर्शनम् ।
एतज्ज्ञानम् इति प्रोक्तम् ,		अज्ञानं यदतोऽन्यथा ॥ १३.११

ज्ञेयं यत् तत् प्रवक्ष्यामि ,		यज्ज्ञात्वामृतम् अश्नुते ।
अनादिमत् परं ब्रह्म ,		न सत् तन्नासद् उच्यते ॥ १३.१२

सर्वतꭗ पाणिपादं तत् ,		सर्वतोऽक्षिशिरोमुखम् ।
सर्वतः श्रुतिमल्लोके ,		सर्वम् आवृत्य तिष्ठति ॥ १३.१३

सर्वेन्द्रियगुणाभासम् ,		सर्वेन्द्रियविवर्जितम् ।
असक्तं सर्वभृच् चैव ,		निर्गुणं गुणभोक्तृ च ॥ १३.१४

बहिर् अन्तश्च भूतानाम् ,		अचरं चरम् एव च ।
सूक्ष्मत्वात् तद् अविज्ञेयम् ,	दूरस्थं चान्तिके च तत् ॥ १३.१५

अविभक्तं च भूतेषु ,		विभक्तम् इव च स्थितम् ।
भूतभर्तृ च तज्ज्ञेयम् ,		ग्रसिष्णु प्रभविष्णु च ॥ १३.१६

ज्योतिषाम् अपि तज्ज्योतिः , तमसꭗ परम् उच्यते ।
ज्ञानं ज्ञेयं ज्ञानगम्यम् ,		हृदि सर्वस्य विष्ठितम् ॥ १३.१७

इति क्षेत्रं तथा ज्ञानम् , ज्ञेयं चोक्तं समासतः ।
मद्भक्त एतद् विज्ञाय , मद्भावायोपपद्यते ॥ १३.१८

प्रकृतिं पुरुषं चैव , विद्ध्यनादी उभावपि ।
विकारांश्च गुणांश् चैव , विद्धि प्रकृतिसम्भवान् ॥ १३.१९

कार्यकरणकर्तृत्वे , हेतुः प्रकृतिर् उच्यते । (कार्यकारणकर्तृत्वे)
पुरुषस् सुखदुःखानाम् , भोक्तृत्वे हेतुर् उच्यते ॥ १३.२०

पुरुषः प्रकृतिस्थो हि , भुङ्क्ते प्रकृतिजान् गुणान् ।
कारणं गुणसङ्गोऽस्य , सद् असद् योनिजन्मसु ॥ १३.२१

उपद्रष्टानुमन्ता च , भर्ता भोक्ता महेश्वरः ।
परमात्मेति चाप्युक्तः , देहेऽस्मिन् पुरुषः परः ॥ १३.२२

य एवं वेत्ति पुरुषम् , प्रकृतिं च गुणैः सह ।
सर्वथा वर्तमानोऽपि , न स भूयोऽभिजायते ॥ १३.२३

ध्यानेनात्मनि पश्यन्ति , केचिद् आत्मानमात्मना ।
अन्ये साङ्ख्येन योगेन , कर्मयोगेन चापरे ॥ १३.२४

अन्ये त्वेवम् अजानन्तः , श्रुत्वान्येभ्य उपासते ।
तेऽपि चातितरन्त्येव , मृत्युं श्रुतिपरायणाः ॥ १३.२५

यावत् सञ्जायते किञ्चित् , सत्त्वं स्थावरजङ्गमम् ।
क्षेत्रक्षेत्रज्ञसंयोगात् , तद् विद्धि भरतर्षभ ॥ १३.२६

समं सर्वेषु भूतेषु , तिष्ठन्तं परमेश्वरम् ।
विनश्यत्स्वविनश्यन्तम् , यः पश्यति स पश्यति ॥ १३.२७

समं पश्यन् हि सर्वत्र , समवस्थितम् ईश्वरम् ।
न हिनस्त्यात्मनात्मानम् , ततो याति परां गतिम् ॥ १३.२८

प्रकृत्यैव च कर्माणि , क्रियमाणानि सर्वशः ।
यः पश्यति तथाऽऽत्मानम् ,अकर्तारं स पश्यति ॥ १३.२९

यदा भूतपृथग्भावम् , एकस्थम् अनुपश्यति ।
तत एव च विस्तारम् , ब्रह्म सम्पद्यते तदा ॥ १३.३०

अनादित्वान् निर्गुणत्वात् , परमात्मा अयम् अव्ययः ।
शरीरस्थोऽपि कौन्तेय , न करोति न लिप्यते ॥ १३.३१

यथा सर्वगतं सौक्ष्म्यात् , आकाशं नोपलिप्यते ।
सर्वत्रावस्थितो देहे , तथाऽऽत्मा नोपलिप्यते ॥ १३.३२

यथा प्रकाशयत्येकः , कृत्स्नं लोकम् इमं रविः ।
क्षेत्रं क्षेत्री तथा कृत्स्नम् , प्रकाशयति भारत ॥ १३.३३

क्षेत्रक्षेत्रज्ञयोर् एवम् , अन्तरं ज्ञानचक्षुषा ।
भूतप्रकृतिमोक्षं च , ये विदुर् यान्ति ते परम् ॥ १३.३४

ॐ तत् सत् ।

इति श्रीमद्भगवद्गीतासु उपनिषत्सु ब्रह्मविद्यायां योगशास्त्रे श्रीकृष्णार्जुनसंवादे
क्षेत्र-क्षेत्रज्ञ-विभाग-योगो नाम त्रयोदशोऽध्यायः ॥ १३ ॥

ॐ श्री परमात्मने नमः ।

14 अथ चतुर्दशोऽध्यायः

श्री भगवान् उवाच

परं भूयᳲ प्रवक्ष्यामि , ज्ञानानां ज्ञानम् उत्तमम् ।
यज्ज्ञात्वा मुनयस् सर्वे , परां सिद्धिम् इतो गताः ॥ १४.१

इदं ज्ञानम् उपाश्रित्य , मम साधर्म्यम् आगताः ।
सर्गेऽपि नोपजायन्ते , प्रलये न व्यथन्ति च ॥ १४.२

मम योनिर् महद् ब्रह्म , तस्मिन् गर्भं दधाम्यहम् ।
सम्भवस् सर्वभूतानाम् , ततो भवति भारत ॥ १४.३

सर्वयोनिषु कौन्तेय , मूर्तयस् सम्भवन्ति याः ।
तासां ब्रह्म महद् योनिः , अहं बीजप्रदᳲ पिता ॥ १४.४

सत्त्वं रजस् तम इति , गुणाᳲ प्रकृतिसम्भवाः ।
निबध्नन्ति महाबाहो , देहे देहिनम् अव्ययम् ॥ १४.५

तत्र सत्त्वं निर्मलत्वात् , प्रकाशकम् अनामयम् ।
सुखसङ्गेन बध्नाति , ज्ञानसङ्गेन चानघ ॥ १४.६

रजो रागात्मकं विद्धि , तृष्णासङ्गसमुद्भवम् ।
तन् निबध्नाति कौन्तेय , कर्मसङ्गेन देहिनम् ॥ १४.७

तमस् त्वज्ञानजं विद्धि , मोहनं सर्वदेहिनाम् ।
प्रमादालस्यनिद्राभिः , तन् निबध्नाति भारत ॥ १४.८

सत्त्वं सुखे सञ्जयति , रजᳲ कर्मणि भारत ।
ज्ञानम् आवृत्य तु तमः , प्रमादे सञ्जयत्युत ॥ १४.९

रजस् तमश् चाभिभूय , सत्त्वं भवति भारत ।
रजस् सत्त्वं तमश् चैव , तमस् सत्त्वं रजस् तथा ॥ १४.१०

सर्वद्वारेषु देहेऽस्मिन् , प्रकाश उपजायते ।
ज्ञानं यदा तदा विद्यात् , विवृद्धं सत्त्वम् इत्युत ॥ १४.११

लोभ× प्रवृत्तिरारम्भः , कर्मणाम् अशमस् स्पृहा ।
रजस्येतानि जायन्ते , विवृद्धे भरतर्षभ ॥ १४.१२

अप्रकाशोऽप्रवृत्तिश्च , प्रमादो मोह एव च ।
तमस्येतानि जायन्ते , विवृद्धे कुरुनन्दन ॥ १४.१३

यदा सत्त्वे प्रवृद्धे तु , प्रलयं याति देहभृत् ।
तदोत्तमविदां लोकान् , अमलान् प्रतिपद्यते ॥ १४.१४

रजसि प्रलयं गत्वा , कर्मसङ्गिषु जायते ।
तथा प्रलीनस् तमसि , मूढयोनिषु जायते ॥ १४.१५

कर्मणस् सुकृतस्याहुः , सात्त्विकं निर्मलं फलम् ।
रजसस् तु फलं दुःखम् , अज्ञानं तमस× फलम् ॥ १४.१६

सत्त्वात् सञ्जायते ज्ञानम् , रजसो लोभ एव च ।
प्रमादमोहौ तमसः , भवतोऽज्ञानम् एव च ॥ १४.१७

ऊर्ध्वं गच्छन्ति सत्त्वस्थाः , मध्ये तिष्ठन्ति राजसाः ।
जघन्यगुणवृत्तिस्थाः , अधो गच्छन्ति तामसाः ॥ १४.१८

नान्यं गुणेभ्य× कर्तारम् , यदा द्रष्टा अनुपश्यति ।
गुणेभ्यश्च परं वेत्ति , मद्भावं सोऽधिगच्छति ॥ १४.१९

गुणान् एतान् अतीत्य त्रीन् , देही देहसमुद्भवान् ।
जन्ममृत्युजरादुःखैः , विमुक्तोऽमृतम् अश्नुते ॥ १४.२०

अर्जुन उवाच

कैर् लिङ्गैस् त्रीन् गुणान् एतान् , अतीतो भवति प्रभो ।
किमाचारः कथं चैतान् , त्रीन् गुणान् अतिवर्तते ॥ १४.२१

श्री भगवान् उवाच

प्रकाशं च प्रवृत्तिं च , मोहम् एव च पाण्डव ।
न द्वेष्टि सम्प्रवृत्तानि , न निवृत्तानि काङ्क्षति ॥ १४.२२

उदासीनवदासीनः , गुणैर् यो न विचाल्यते ।
गुणा वर्तन्त इत्येव , योऽवतिष्ठति नेङ्गते ॥ १४.२३

समदुःखसुखस् स्वस्थः , समलोष्टाश्मकाञ्चनः ।
तुल्यप्रियाप्रियो धीरः , तुल्यनिन्दात्मसंस्तुतिः ॥ १४.२४

मानापमानयोस् तुल्यः , तुल्यो मित्रारिपक्षयोः ।
सर्वारम्भपरित्यागी , गुणातीतस् स उच्यते ॥ १४.२५

मां च योऽव्यभिचारेण , भक्तियोगेन सेवते ।
स गुणान् समतीत्यैतान् , ब्रह्मभूयाय कल्पते ॥ १४.२६

ब्रह्मणो हि प्रतिष्ठाहम् , अमृतस्याव्ययस्य च ।
शाश्वतस्य च धर्मस्य , सुखस्यैकान्तिकस्य च ॥ १४.२७

ॐ तत् सत् ।
इति श्रीमद्भगवद्गीतासु उपनिषत्सु ब्रह्मविद्यायां योगशास्त्रे श्रीकृष्णार्जुनसंवादे
गुण-त्रय-विभाग-योगो नाम चतुर्दशोऽध्यायः ॥ १४ ॥

ॐ श्री परमात्मने नमः ।

15 अथ पञ्चदशोऽध्यायः

श्री भगवान् उवाच

ऊर्ध्वमूलम् अधःशाखम् , अश्वत्थं प्राहुर् अव्ययम् ।
छन्दांसि यस्य पर्णानि , यस्तं वेद स वेदवित् ॥ १५.१

अधश् चोर्ध्वं प्रसृतास् तस्य शाखाः , गुणप्रवृद्धा विषयप्रवालाः ।
अधश्च मूलान्यनुसन्ततानि , कर्मानुबन्धीनि मनुष्यलोके ॥ १५.२

न रूपमस्येह तथोपलभ्यते , नान्तो न चादिर् न च सम्प्रतिष्ठा ।
अश्वत्थमेनं सुविरूढमूलम् , असङ्गशस्त्रेण दृढेन छित्त्वा ॥ १५.३ (छित्वा)

ततः पदं तत् परिमार्गितव्यम् , यस्मिन् गता न निवर्तन्ति भूयः ।
तमेव चाद्यं पुरुषं प्रपद्ये , यतः प्रवृत्तिः प्रसृता पुराणी ॥ १५.४

निर्मानमोहा जितसङ्गदोषाः , अध्यात्मनित्या विनिवृत्तकामाः ।
द्वन्द्वैर् विमुक्तास् सुखदुःखसञ्ज्ञैः , गच्छन्त्यमूढाः पदम् अव्ययं तत् ॥ १५.५

न तद्भासयते सूर्यः , न शशाङ्को न पावकः ।
यद्गत्वा न निवर्तन्ते , तद्धाम परमं मम ॥ १५.६

ममैवांशो जीवलोके , जीवभूतस् सनातनः ।
मनःषष्ठानि इन्द्रियाणि , प्रकृतिस्थानि कर्षति ॥ १५.७

शरीरं यदवाप्नोति , यच्चाप्युत् क्रामतीश्वरः ।
गृहीत्वैतानि संयाति , वायुर् गन्धानिवाशयात् ॥ १५.८

श्रोत्रं चक्षुस् स्पर्शनं च , रसनं घ्राणम् एव च ।
अधिष्ठाय मनश् चायम् , विषयान् उपसेवते ॥ १५.९

उत्क्रामन्तं स्थितं वापि , भुञ्जानं वा गुणान्वितम् ।
विमूढा नानुपश्यन्ति , पश्यन्ति ज्ञानचक्षुषः ॥ १५.१०

यतन्तो योगिनश् चैनम् , पश्यन्त्यात्मन्यवस्थितम् ।
यतन्तोऽप्यकृतात्मानः , नैनं पश्यन्त्यचेतसः ॥ १५.११

यदादित्यगतं तेजः , जगद्भासयतेऽखिलम् ।
यच्चन्द्रमसि यच्चाग्नौ , तत् तेजो विद्धि मामकम् ॥ १५.१२

गामाविश्य च भूतानि , धारयाम्यहमोजसा ।
पुष्णामि चौषधीस् सर्वाः , सोमो भूत्वा रसात्मकः ॥ १५.१३

अहं वैश्वानरो भूत्वा , प्राणिनां देहम् आश्रितः ।
प्राणापानसमायुक्तः , पचाम्यन्नं चतुर्विधम् ॥ १५.१४

सर्वस्य चाहं हृदि सन्निविष्टः , मत्तस् स्मृतिर् ज्ञानम् अपोहनं च ।
वेदैश्च सर्वैर् अहमेव वेद्यः , वेदान्तकृद् वेदविदेव चाहम् ॥ १५.१५

द्वाविमौ पुरुषौ लोके , क्षरश् चाक्षर एव च ।
क्षरस् सर्वाणि भूतानि , कूटस्थोऽक्षर उच्यते ॥ १५.१६

उत्तमᳶ पुरुषस् त्वन्यः , परमात्मेत्युदाहृतः ।
यो लोकत्रयमाविश्य , बिभर्त्यव्यय ईश्वरः ॥ १५.१७

यस्मात् क्षरम् अतीतोऽहम् , अक्षराद् अपि चोत्तमः ।
अतोऽस्मि लोके वेदे च , प्रथितᳶ पुरुषोत्तमः ॥ १५.१८

यो माम् एवम् असम्मूढः , जानाति पुरुषोत्तमम् ।
स सर्वविद्भजति माम् , सर्वभावेन भारत ॥ १५.१९

इति गुह्यतमं शास्त्रम् , इदम् उक्तं मयानघ ।
एतद्बुद्ध्वा बुद्धिमान् स्यात् , कृतकृत्यश् च भारत ॥ १५.२०

ॐ तत् सत् । इति श्रीमद्भगवद्गीतासु उपनिषत्सु ब्रह्मविद्यायां योगशास्त्रे श्रीकृष्णार्जुनसंवादे पुरुषोत्तम-योगो नाम पञ्चदशोऽध्यायः ॥ १५ ॥

16 अथ षोडशोऽध्यायः

श्री भगवान् उवाच

अभयं सत्त्वसंशुद्धिः , ज्ञानयोगव्यवस्थितिः ।
दानं दमश्च यज्ञश्च , स्वाध्यायस् तप आर्जवम् ॥ १६.१

अहिंसा सत्यम् अक्रोधः , त्यागश् शान्तिर् अपैशुनम् ।
दया भूतेष्वलोलुप्त्वम् , मार्दवं ह्रीर् अचापलम् ॥ १६.२

तेजः क्षमा धृतिश् शौचम् , अद्रोहो नातिमानिता ।
भवन्ति सम्पदं दैवीम् , अभिजातस्य भारत ॥ १६.३

दम्भो दर्पोऽभिमानश्च , क्रोधः पारुष्यम् एव च ।
अज्ञानं चाभिजातस्य , पार्थ सम्पदम् आसुरीम् ॥ १६.४

दैवी सम्पद् विमोक्षाय , निबन्धायासुरी मता ।
मा शुचस् सम्पदं दैवीम् , अभिजातोऽसि पाण्डव ॥ १६.५

द्वौ भूतसर्गौ लोकेऽस्मिन् , दैव आसुर एव च ।
दैवो विस्तरशः प्रोक्तः , आसुरं पार्थ मे शृणु ॥ १६.६

प्रवृत्तिं च निवृत्तिं च , जना न विदुर् आसुराः ।
न शौचं नापि चाचारः , न सत्यं तेषु विद्यते ॥ १६.७

असत्यम् अप्रतिष्ठं ते , जगदाहुर् अनीश्वरम् ।
अपरस्परसम्भूतम् , किम् अन्यत् कामहैतुकम् ॥ १६.८

एतां दृष्टिम् अवष्टभ्य , नष्टात्मानोऽल्पबुद्धयः ।
प्रभवन्त्युग्रकर्माणः , क्षयाय जगतोऽहिताः ॥ १६.९

कामम् आश्रित्य दुष्पूरम् , दम्भमानमदान्विताः ।
मोहाद्गृहीत्वासद्ग्राहान् ,प्रवर्तन्तेऽशुचिव्रताः ॥ १६.१०

चिन्ताम् अपरिमेयां च , प्रलयान्ताम् उपाश्रिताः ।
कामोपभोगपरमाः , एतावद् इति निश्चिताः ॥ १६.११

आशापाशशतैर् बद्धाः , कामक्रोधपरायणाः ।
ईहन्ते कामभोगार्थम् , अन्यायेनार्थसञ्चयान् ॥ १६.१२

इदम् अद्य मया लब्धम् , इमं प्राप्स्ये मनोरथम् ।
इदम् अस्तीदम् अपि मे , भविष्यति पुनर् धनम् ॥ १६.१३

असौ मया हतश् शत्रुः , हनिष्ये चापरान् अपि ।
ईश्वरोऽहम् अहं भोगी , सिद्धोऽहं बलवान् सुखी ॥ १६.१४

आढ्योऽभिजनवान् अस्मि , कोऽन्योऽस्ति सदृशो मया ।
यक्ष्ये दास्यामि मोदिष्ये , इत्यज्ञानविमोहिताः ॥ १६.१५

अनेकचित्तविभ्रान्ताः , मोहजालसमावृताः ।
प्रसक्ताᳵ कामभोगेषु , पतन्ति नरकेऽशुचौ ॥ १६.१६

आत्मसम्भावितास् स्तब्धाः, धनमानमदान्विताः ।
यजन्ते नामयज्ञैस् ते , दम्भेनाविधिपूर्वकम् ॥ १६.१७

अहङ्कारं बलं दर्पम् , कामं क्रोधं च संश्रिताः ।
माम् आत्मपरदेहेषु , प्रद्विषन्तोऽभ्यसूयकाः ॥ १६.१८

तान् अहं द्विषतᳵ क्रूरान् , संसारेषु नराधमान् ।
क्षिपाम्यजस्रम् अशुभान् , आसुरीष्वेव योनिषु ॥ १६.१९

आसुरीं योनिमापन्नाः ,   मूढा जन्मनि जन्मनि ।
माम् अप्राप्यैव कौन्तेय ,   ततो यान्त्यधमां गतिम् ॥ १६.२०

त्रिविधं नरकस्येदम् ,   द्वारं नाशनम् आत्मनः ।
काम× क्रोधस् तथा लोभः , तस्माद् एतत् त्रयं त्यजेत् ॥ १६.२१

एतैर् विमुक्त× कौन्तेय ,   तमोद्वारैस् त्रिभिर् नरः ।
आचरत्यात्मनः श्रेयः ,   ततो याति परां गतिम् ॥ १६.२२

यश् शास्त्रविधिम् उत्सृज्य , वर्तते कामकारतः ।
न स सिद्धिम् अवाप्नोति ,   न सुखं न परां गतिम् ॥ १६.२३

तस्माच् छास्त्रं प्रमाणं ते , कार्याकार्यव्यवस्थितौ ।
ज्ञात्वा शास्त्रविधानोक्तम् , कर्म कर्तुम् इहार्हसि ॥ १६.२४

ॐ तत् सत् ।

इति श्रीमद्भगवद्गीतासु उपनिषत्सु ब्रह्मविद्यायां योगशास्त्रे श्रीकृष्णार्जुनसंवादे

दैवासुर-सम्पद्-विभाग-योगो नाम षोडशोऽध्यायः ॥ १६ ॥

ॐ श्री परमात्मने नमः ।

17 अथ सप्तदशोऽध्यायः

अर्जुन उवाच

ये शास्त्रविधिम् उत्सृज्य , यजन्ते श्रद्धयान्विताः ।
तेषां निष्ठा तु का कृष्ण , सत्त्वम् आहो रजस् तमः ॥ १७.१

श्री भगवान् उवाच

त्रिविधा भवति श्रद्धा , देहिनां सा स्वभावजा ।
सात्त्विकी राजसी चैव , तामसी चेति तां शृणु ॥ १७.२

सत्त्वानुरूपा सर्वस्य , श्रद्धा भवति भारत ।
श्रद्धामयोऽयं पुरुषः , यो यच्छ्रद्धस् स एव सः ॥ १७.३

यजन्ते सात्त्विका देवान् , यक्षरक्षांसि राजसाः ।
प्रेतान् भूतगणांश्चान्ये , यजन्ते तामसा जनाः ॥ १७.४

अशास्त्रविहितं घोरम् , तप्यन्ते ये तपो जनाः ।
दम्भाहङ्कारसंयुक्ताः , कामरागबलान्विताः ॥ १७.५

कर्शयन्तश् शरीरस्थम् , भूतग्रामम् अचेतसः ।
मां चैवान्तःशरीरस्थम् , तान् विद्ध्यासुरनिश्चयान् ॥ १७.६

आहारस् त्वपि सर्वस्य , त्रिविधो भवति प्रियः ।
यज्ञस् तपस् तथा दानम् , तेषां भेदम् इमं शृणु ॥ १७.७

आयुःसत्त्वबलारोग्य सुखप्रीतिविवर्धनाः ।
रस्यास् स्निग्धास् स्थिरा हृद्याः , आहारास् सात्त्विकप्रियाः ॥ १७.८

कट्वम्ललवणात्युष्ण तीक्ष्णरूक्षविदाहिनः ।
आहारा राजसस्येष्टाः , दुःखशोकामयप्रदाः ॥ १७.९

यातयामं गतरसम् ,		पूति पर्युषितं च यत् ।
उच्छिष्टम् अपि चामेध्यम् , भोजनं तामसप्रियम् ॥ १७.१०

अफलाकाङ्क्षिभिर् यज्ञः ,	विधिदृष्टो य इज्यते ।
यष्टव्यम् एवेति मनः ,		समाधाय स सात्त्विकः ॥ १७.११

अभिसन्धाय तु फलम् ,	दम्भार्थम् अपि चैव यत् ।
इज्यते भरतश्रेष्ठ ,		तं यज्ञं विद्धि राजसम् ॥ १७.१२

विधिहीनम् असृष्टान्नम् ,	मन्त्रहीनम् अदक्षिणम् ।
श्रद्धाविरहितं यज्ञम् ,		तामसं परिचक्षते ॥ १७.१३

देवद्विजगुरुप्राज्ञपूजनं शौचम् आर्जवम् ।
ब्रह्मचर्यम् अहिंसा च ,		शारीरं तप उच्यते ॥ १७.१४

अनुद्वेगकरं वाक्यम् ,		सत्यं प्रियहितं च यत् ।
स्वाध्यायाभ्यसनं चैव ,		वाङ्मयं तप उच्यते ॥ १७.१५

मनः प्रसादस् सौम्यत्वम् ,	मौनम् आत्मविनिग्रहः ।
भावसंशुद्धिर् इत्येतत् ,		तपो मानसम् उच्यते ॥ १७.१६

श्रद्धया परया तप्तम् ,		तपस् तत् त्रिविधं नरैः ।
अफलाकाङ्क्षिभिर् युक्तैः ,	सात्त्विकं परिचक्षते ॥ १७.१७

सत्कारमानपूजार्थम् ,		तपो दम्भेन चैव यत् ।
क्रियते तद् इह प्रोक्तम् ,	राजसं चलम् अध्रुवम् ॥ १७.१८

मूढग्राहेणात्मनो यत् ,		पीडया क्रियते तपः ।
परस्योत्सादनार्थं वा ,		तत् तामसम् उदाहृतम् ॥ १७.१९

दातव्यम् इति यद् दानम् , दीयतेऽनुपकारिणे ।
देशे काले च पात्रे च , तद् दानं सात्त्विकं स्मृतम् ॥ १७.२०

यत् तु प्रत्युपकारार्थम् , फलम् उद्दिश्य वा पुनः ।
दीयते च परिक्लिष्टम् , तद् दानं राजसं स्मृतम् ॥ १७.२१

अदेशकाले यद् दानम् , अपात्रेभ्यश्च दीयते ।
असत्कृतम् अवज्ञातम् , तत् तामसम् उदाहृतम् ॥ १७.२२

ॐ तत् सद् इति निर्देशः , ब्रह्मणस् त्रिविधस् स्मृतः ।
ब्राह्मणास् तेन वेदाश्च , यज्ञाश्च विहिता॰ पुरा ॥ १७.२३

तस्माद् ॐ इत्युदाहृत्य , यज्ञदानतपःक्रियाः ।
प्रवर्तन्ते विधानोक्ताः , सततं ब्रह्मवादिनाम् ॥ १७.२४

तद् इत्यनभिसन्धाय , फलं यज्ञतपःक्रियाः ।
दानक्रियाश्च विविधाः , क्रियन्ते मोक्षकाङ्क्षिभिः ॥ १७.२५

सद्भावे साधुभावे च , सद् इत्येतत् प्रयुज्यते ।
प्रशस्ते कर्मणि तथा , सच्छब्द॰ पार्थ युज्यते ॥ १७.२६

यज्ञे तपसि दाने च , स्थितिस् सदिति चोच्यते ।
कर्म चैव तदर्थीयम् , सद् इत्येवाभिधीयते ॥ १७.२७

अश्रद्धया हुतं दत्तम् , तपस् तप्तं कृतं च यत् ।
असदित्युच्यते पार्थ , न च तत् प्रेत्य नो इह ॥ १७.२८

ॐ तत् सत् ।
इति श्रीमद्भगवद्गीतासु उपनिषत्सु ब्रह्मविद्यायां योगशास्त्रे श्रीकृष्णार्जुनसंवादे
श्रद्धा-त्रय-विभाग-योगो नाम सप्तदशोऽध्यायः ॥ १७ ॥

ॐ श्री परमात्मने नमः ।

18 अथ अष्टादशोऽध्यायः

अर्जुन उवाच

सन्न्यासस्य महाबाहो , तत्त्वम् इच्छामि वेदितुम् ।
त्यागस्य च हृषीकेश , पृथक् केशिनिषूदन ॥ १८.१

श्री भगवान् उवाच

काम्यानां कर्मणां न्यासम् , सन्न्यासं कवयो विदुः ।
सर्वकर्मफलत्यागम् , प्राहुस् त्यागं विचक्षणाः ॥ १८.२

त्याज्यं दोषवदित्येके , कर्म प्राहुर् मनीषिणः ।
यज्ञदानतपःकर्म , न त्याज्यम् इति चापरे ॥ १८.३

निश्चयं शृणु मे तत्र , त्यागे भरतसत्तम ।
त्यागो हि पुरुषव्याघ्र , त्रिविधस् सम्प्रकीर्तितः ॥ १८.४

यज्ञदानतपःकर्म , न त्याज्यं कार्यमेव तत् ।
यज्ञो दानं तपश्चैव , पावनानि मनीषिणाम् ॥ १८.५

एतान्यपि तु कर्माणि , सङ्गं त्यक्त्वा फलानि च ।
कर्तव्यानीति मे पार्थ , निश्चितं मतम् उत्तमम् ॥ १८.६

नियतस्य तु सन्न्यासः , कर्मणो नोपपद्यते ।
मोहात् तस्य परित्यागः , तामसः परिकीर्तितः ॥ १८.७

दुःखम् इत्येव यत् कर्म , कायक्लेशभयात् त्यजेत् ।
स कृत्वा राजसं त्यागम् , नैव त्यागफलं लभेत् ॥ १८.८

कार्यम् इत्येव यत् कर्म , नियतं क्रियतेऽर्जुन ।
सङ्गं त्यक्त्वा फलं चैव , स त्यागस् सात्त्विको मतः ॥ १८.९

न द्वेष्ट्यकुशलं कर्म , कुशले नानुषज्जते ।
त्यागी सत्त्वसमाविष्टः , मेधावी छिन्नसंशयः ॥ १८.१०

न हि देहभृता शक्यम् , त्यक्तुं कर्माण्यशेषतः ।
यस्तु कर्मफलत्यागी , स त्यागीत्यभिधीयते ॥ १८.११

अनिष्टम् इष्टं मिश्रं च , त्रिविधं कर्मणᳶ फलम् ।
भवत्यत्यागिनां प्रेत्य , न तु सन्न्यासिनां क्वचित् ॥ १८.१२

पञ्चैतानि महाबाहो , कारणानि निबोध मे ।
साङ्ख्ये कृतान्ते प्रोक्तानि , सिद्धये सर्वकर्मणाम् ॥ १८.१३

अधिष्ठानं तथा कर्ता , करणं च पृथग्विधम् ।
विविधाश्च पृथक् चेष्टाः , दैवं चैवात्र पञ्चमम् ॥ १८.१४

शरीरवाङ्मनोभिर् यत् , कर्म प्रारभते नरः ।
न्याय्यं वा विपरीतं वा , पञ्चैते तस्य हेतवः ॥ १८.१५

तत्रैवं सति कर्तारम् , आत्मानं केवलं तु यः ।
पश्यत्यकृतबुद्धित्वात् , न स पश्यति दुर्मतिः ॥ १८.१६

यस्य नाहङ्कृतो भावः , बुद्धिर् यस्य न लिप्यते ।
हत्वापि स इमाँल्लोकान् , न हन्ति न निबध्यते ॥ १८.१७

ज्ञानं ज्ञेयं परिज्ञाता , त्रिविधा कर्मचोदना ।
करणं कर्म कर्तेति , त्रिविधᳵ कर्मसङ्ग्रहः ॥ १८.१८

ज्ञानं कर्म च कर्ता च , त्रिधैव गुणभेदतः ।
प्रोच्यते गुणसङ्ख्याने , यथावच्छृणु तान्यपि ॥ १८.१९

सर्वभूतेषु येनैकम् , भावम् अव्ययम् ईक्षते ।
अविभक्तं विभक्तेषु , तज्ज्ञानं विद्धि सात्त्विकम् ॥ १८.२०

पृथक्त्वेन तु यज्ज्ञानम् , नानाभावान् पृथग्विधान् ।
वेत्ति सर्वेषु भूतेषु , तज्ज्ञानं विद्धि राजसम् ॥ १८.२१

यत् तु कृत्स्नवदेकस्मिन् , कार्ये सक्तम् अहैतुकम् ।
अतत्त्वार्थवदल्पं च , तत् तामसम् उदाहृतम् ॥ १८.२२

नियतं सङ्गरहितम् , अरागद्वेषतः कृतम् ।
अफलप्रेप्सुना कर्म , यत् तत् सात्त्विकम् उच्यते ॥ १८.२३

यत् तु कामेप्सुना कर्म , साहङ्कारेण वा पुनः ।
क्रियते बहुलायासम् , तद् राजसम् उदाहृतम् ॥ १८.२४

अनुबन्धं क्षयं हिंसाम् , अनवेक्ष्य च पौरुषम् । (अनपेक्ष्य)
मोहाद् आरभ्यते कर्म , यत् तत् तामसम् उच्यते ॥ १८.२५

मुक्तसङ्गोऽनहंवादी , धृत्युत्साहसमन्वितः ।
सिद्ध्यसिद्ध्योर् निर्विकारः , कर्ता सात्त्विक उच्यते ॥ १८.२६

रागी कर्मफलप्रेप्सुः , लुब्धो हिंसात्मकोऽशुचिः ।
हर्षशोकान्वितः कर्ता , राजसः परिकीर्तितः ॥ १८.२७

अयुक्तः प्राकृतस् स्तब्धः , शठो नैष्कृतिकोऽलसः ।
विषादी दीर्घसूत्री च , कर्ता तामस उच्यते ॥ १८.२८

बुद्धेर् भेदं धृतेश् चैव ,   गुणतस् त्रिविधं शृणु ।
प्रोच्यमानम् अशेषेण ,   पृथक्त्वेन धनञ्जय ॥ १८.२९

प्रवृत्तिं च निवृत्तिं च ,   कार्याकार्ये भयाभये ।
बन्धं मोक्षं च या वेत्ति ,   बुद्धिस् सा पार्थ सात्त्विकी ॥ १८.३०

यया धर्मम् अधर्मं च ,   कार्यं चाकार्यमेव च ।
अयथावत् प्रजानाति ,   बुद्धिस् सा पार्थ राजसी ॥ १८.३१

अधर्मं धर्मम् इति या ,   मन्यते तमसावृता ।
सर्वार्थान् विपरीतांश्च ,   बुद्धिस् सा पार्थ तामसी ॥ १८.३२

धृत्या यया धारयते ,   मनःप्राणेन्द्रियक्रियाः ।
योगेनाव्यभिचारिण्या ,   धृतिस् सा पार्थ सात्त्विकी ॥ १८.३३

यया तु धर्मकामार्थान् ,   धृत्या धारयतेऽर्जुन ।
प्रसङ्गेन फलाकाङ्क्षी ,   धृतिस् सा पार्थ राजसी ॥ १८.३४

यया स्वप्नं भयं शोकम् ,   विषादं मदम् एव च ।
न विमुञ्चति दुर्मेधाः ,   धृतिस् सा पार्थ तामसी ॥ १८.३५

सुखं त्विदानीं त्रिविधम् ,   शृणु मे भरतर्षभ ।
अभ्यासाद् रमते यत्र ,   दुःखान्तं च निगच्छति ॥ १८.३६

यत् तद् अग्रे विषम् इव ,   परिणामेऽमृतोपमम् ।
तत् सुखं सात्त्विकं प्रोक्तम् ,   आत्मबुद्धिप्रसादजम् ॥ १८.३७

विषयेन्द्रियसंयोगात् ,   यत् तद् अग्रेऽमृतोपमम् ।
परिणामे विषम् इव ,   तत् सुखं राजसं स्मृतम् ॥ १८.३८

यद् अग्रे चानुबन्धे च ,   सुखं मोहनम् आत्मनः ।
निद्रालस्यप्रमादोत्थम् ,   तत् तामसम् उदाहृतम् ॥ १८.३९

न तद् अस्ति पृथिव्यां वा ,   दिवि देवेषु वा पुनः ।
सत्त्वं प्रकृतिजैर् मुक्तम् ,   यदेभिस् स्यात् त्रिभिर् गुणैः ॥ १८.४०

ब्राह्मणक्षत्रियविशाम् ,   शूद्राणां च परन्तप ।
कर्माणि प्रविभक्तानि ,   स्वभावप्रभवैर् गुणैः ॥ १८.४१

शमो दमस् तपश् शौचम् ,   क्षान्तिर् आर्जवम् एव च ।
ज्ञानं विज्ञानम् आस्तिक्यम् , ब्रह्मकर्म स्वभावजम् ॥ १८.४२

शौर्यं तेजो धृतिर् दाक्ष्यम् ,   युद्धे चाप्यपलायनम् ।
दानम् ईश्वरभावश् च ,   क्षात्रं कर्म स्वभावजम् ॥ १८.४३

कृषिगौरक्ष्यवाणिज्यम् ,   वैश्यकर्म स्वभावजम् ।
परिचर्यात्मकं कर्म ,   शूद्रस्यापि स्वभावजम् ॥ १८.४४

स्वे स्वे कर्मण्यभिरतः ,   संसिद्धिं लभते नरः ।
स्वकर्मनिरतस् सिद्धिम् ,   यथा विन्दति तच् छृणु ॥ १८.४५

यतꣳ प्रवृत्तिर् भूतानाम् ,   येन सर्वम् इदं ततम् ।
स्वकर्मणा तमभ्यर्च्य ,   सिद्धिं विन्दति मानवः ॥ १८.४६

श्रेयान् स्वधर्मो विगुणः ,   परधर्मात् स्वनुष्ठितात् ।
स्वभावनियतं कर्म ,   कुर्वन् नाप्नोति किल्बिषम् ॥ १८.४७

सहजं कर्म कौन्तेय ,   सदोषम् अपि न त्यजेत् ।
सर्वारम्भा हि दोषेण ,   धूमेनाग्निर् इवावृताः ॥ १८.४८

असक्तबुद्धिस् सर्वत्र ,　　जितात्मा विगतस्पृहः ।
नैष्कर्म्यसिद्धिं परमाम् ,　　सन्न्यासेनाधिगच्छति ॥ १८.४९

सिद्धिं प्राप्तो यथा ब्रह्म ,　　तथा आप्नोति निबोध मे ।
समासेनैव कौन्तेय ,　　निष्ठा ज्ञानस्य या परा ॥ १८.५०

बुद्ध्या विशुद्धया युक्तः ,　　धृत्यात्मानं नियम्य च ।
शब्दादीन् विषयांस्त्यक्त्वा ,रागद्वेषौ व्युदस्य च ॥ १८.५१

विविक्तसेवी लघ्वाशी ,　　यतवाक्कायमानसः ।
ध्यानयोगपरो नित्यम् ,　　वैराग्यं समुपाश्रितः ॥ १८.५२

अहङ्कारं बलं दर्पम् ,　　कामं क्रोधं परिग्रहम् ।
विमुच्य निर्ममश् शान्तः ,　　ब्रह्मभूयाय कल्पते ॥ १८.५३

ब्रह्मभूतᳵ प्रसन्नात्मा ,　　न शोचति न काङ्क्षति ।
समस् सर्वेषु भूतेषु ,　　मद्भक्तिं लभते पराम् ॥ १८.५४

भक्त्या माम् अभिजानाति , यावान् यश् चास्मि तत्त्वतः ।
ततो मां तत्त्वतो ज्ञात्वा ,　　विशते तद् अनन्तरम् ॥ १८.५५

सर्वकर्माण्यपि सदा ,　　कुर्वाणो मद्व्यपाश्रयः ।
मत्प्रसादाद् अवाप्नोति ,　　शाश्वतं पदम् अव्ययम् ॥ १८.५६

चेतसा सर्वकर्माणि ,　　मयि सन्न्यस्य मत्परः ।
बुद्धियोगम् उपाश्रित्य ,　　मच्चित्तस् सततं भव ॥ १८.५७

मच्चित्तस् सर्वदुर्गाणि ,　　मत्प्रसादात् तरिष्यसि ।
अथ चेत् त्वम् अहङ्कारात् ,　　न श्रोष्यसि विनङ्क्ष्यसि ॥ १८.५८

यद् अहङ्कारम् आश्रित्य ,   न योत्स्य इति मन्यसे ।
मिथ्यैष व्यवसायस् ते ,   प्रकृतिस् त्वां नियोक्ष्यति ॥ १८.५९

स्वभावजेन कौन्तेय ,   निबद्धस् स्वेन कर्मणा ।
कर्तुं नेच्छसि यन् मोहात् ,   करिष्यस्यवशोऽपि तत् ॥ १८.६०

ईश्वरस् सर्वभूतानाम् ,   हृद् देशेऽर्जुन तिष्ठति ।
भ्रामयन् सर्वभूतानि ,   यन्त्रारूढानि मायया ॥ १८.६१

तमेव शरणं गच्छ ,   सर्वभावेन भारत ।
तत्प्रसादात् परां शान्तिम् ,   स्थानं प्राप्स्यसि शाश्वतम् ॥ १८.६२

इति ते ज्ञानम् आख्यातम् ,   गुह्याद् गुह्यतरं मया ।
विमृश्यैतद् अशेषेण ,   यथेच्छसि तथा कुरु ॥ १८.६३

सर्वगुह्यतमं भूयः ,   शृणु मे परमं वचः ।
इष्टोऽसि मे दृढम् इति ,   ततो वक्ष्यामि ते हितम् ॥ १८.६४

मन्मना भव मद्भक्तः ,   मद्याजी मां नमस्कुरु ।
मामेवैष्यसि सत्यं ते ,   प्रतिजाने प्रियोऽसि मे ॥ १८.६५

सर्वधर्मान् परित्यज्य ,   माम् एकं शरणं व्रज ।
अहं त्वा सर्वपापेभ्यः ,   मोक्षयिष्यामि मा शुचः ॥ १८.६६

इदं ते नातपस्काय ,   नाभक्ताय कदाचन ।
न चाशुश्रूषवे वाच्यम् ,   न च मां योऽभ्यसूयति ॥ १८.६७

य इमं परमं गुह्यम् ,   मद्भक्तेष्वभिधास्यति ।
भक्तिं मयि परां कृत्वा ,   मामेवैष्यत्यसंशयः ॥ १८.६८

न च तस्मान् मनुष्येषु ,	कश्चिन्मे प्रियकृत्तमः ।
भविता न च मे तस्मात् ,	अन्यः प्रियतरो भुवि ॥ १८.६९

अध्येष्यते च य इमम् ,	धर्म्यं संवादमावयोः ।
ज्ञानयज्ञेन तेनाहम् ,	इष्टस् स्याम् इति मे मतिः ॥ १८.७०

श्रद्धावान् अनसूयश् च ,	शृणुयाद् अपि यो नरः ।
सोऽपि मुक्तश् शुभाँल्लोकान् , प्राप्नुयात् पुण्यकर्मणाम् ॥ १८.७१

कच्चिद् एतच् छ्रुतं पार्थ ,	त्वयैकाग्रेण चेतसा ।
कच्चिद् अज्ञानसम्मोहः ,	प्रनष्टस् ते धनञ्जय ॥ १८.७२

अर्जुन उवाच

नष्टो मोहस् स्मृतिर् लब्धा ,	त्वत्प्रसादान् मयाच्युत ।
स्थितोऽस्मि गतसन्देहः ,	करिष्ये वचनं तव ॥ १८.७३

सञ्जय उवाच

इत्यहं वासुदेवस्य ,	पार्थस्य च महात्मनः ।
संवादम् इमम् अश्रौषम् ,	अद्भुतं रोमहर्षणम् ॥ १८.७४

व्यासप्रसादाच् छ्रुतवान् ,	एतद् गुह्यम् अहं परम् । (इमं गुह्यतमं परम्)
योगं योगेश्वरात् कृष्णात् ,	साक्षात् कथयतस् स्वयम् ॥ १८.७५

राजन् संस्मृत्य संस्मृत्य ,	संवादम् इमम् अद्भुतम् ।
केशवार्जुनयोः पुण्यम् ,	हृष्यामि च मुहुर् मुहुः ॥ १८.७६

तच्च संस्मृत्य संस्मृत्य ,	रूपम् अत्यद्भुतं हरेः ।
विस्मयो मे महान् राजन् ,	हृष्यामि च पुनः पुनः ॥ १८.७७

यत्र योगेश्वरः कृष्णः , यत्र पार्थो धनुर्धरः ।
तत्र श्रीर् विजयो भूतिः , ध्रुवा नीतिर् मतिर् मम ॥ १८.७८

ॐ तत् सत् ।
इति श्रीमद्भगवद्गीतासु उपनिषत्सु ब्रह्मविद्यायां योगशास्त्रे श्रीकृष्णार्जुनसंवादे
मोक्ष-सन्न्यास-योगो नाम अष्टादशोऽध्यायः ॥ १८॥

Ending Prayer

गुरुर् ब्रह्मा गुरुर् विष्णुः गुरुर् देवो महेश्वरः ।
गुरुस् साक्षात् परब्रह्म तस्मै श्रीगुरवे नमः ॥
श्री गुरुभ्यो नमः हरिः ॐ ।
श्री कृष्णार्पणमस्तु ॥

ॐ

Epilogue

The Bhagavad Gita has 18 chapters.
Traditionally, the number 18 stands for Jaya जय, a mastery over one's mind, a grace in action, a reverence in speech.

One may ask – Why to chant the Gita?
Studies show it improves memory, concentration and commitment in day to day activity ~ and develops the Mumukshutva, a desire to be free!

सर्वे भवन्तु सुखिनः । सर्वे सन्तु निरामयाः ।
सर्वे भद्राणि पश्यन्तु । मा कश्चिद् दुःख भाग् भवेत् ॥
ॐ शान्तिः शान्तिः शान्तिः ॥

When faith has blossomed in life, Every step is led by the Divine.
Sri Sri Ravi Shankar

https://advaita56.in/
Om Namah Shivaya

जय गुरुदेव

www.ingramcontent.com/pod-product-compliance
Lightning Source LLC
Chambersburg PA
CBHW050735010526
44107CB00010B/862
9789352790920